내 아이의
수학 정서를 높이는 초등부모의 대화법

◀ ···

수학의 마음

···▶

내 아이의
수학 정서를 높이는 초등부모의 대화법

수학의 마음

강미선 지음

푸른향기
Prunbook Publishing Co.

모든 아이가 수학을 느끼고 즐길 수 있기를

『수학의 마음』은 『수학은 밥이다』의 네 번째 개정판입니다. 제가 지금까지 30여 권의 수학책을 낸 저자의 길을 갈 수 있는 것은 2002년에 초판이 나온 『수학은 밥이다』 덕분입니다.

제게 매우 특별한 이 책을 처음 쓸 당시 저는 여섯 살 아이의 엄마였습니다. 삼십 대 중반의 나이에 중고등학생들에게 수학을 가르치면서 수학교육학과 석사과정에도 다니고 있었습니다. 한창 판서를 하며 고등학생들에게 수학 문제 설명을 하던 어느 날, 학부모를 위한 수학책을 써야겠다는 생각이 불쑥 들었습니다. 그 순간의 기억이 지금도 선명합니다. 이 고등학생들이 어린 시절로 돌아가는 상상을 하면서 이 아이들의 부모에게 하고 싶은 말들이 마구마구 떠올랐습니다.

아이들이 어려서부터 수학을 '잘' 배웠으면 좋겠다는 바람을 담은 에세이를 써서 '수학은 생각하는 힘을 주는 정신의 양식'이라는 의미로 『수학은 밥이다』라는 제목을 지었습니다. 무명의 작가로서 한껏 용기를 내어 김영사 홈페이지 투고 게시판에 원고를 올렸습니다. 놀랍게도 곧바로 출판사에서 연락이 왔고, 얼마 후 책이 되어 세상에 나왔습니다.

제 책은 세간의 화제가 되었습니다. 수학 에세이라는 장르는 아마도 『수학은 밥이다』가 처음일 것입니다. 믿기 힘드시겠지만, 지금으로부터 20여 년 전만 해도 우리나라 출판계에 수학에 대한 책은 수학 교과서와 수학 문제집류가 거의 전부였거든요. 수학 에세이라는 장르를 개척한 제 책이 언론의 스포트라이트를 받으면서 저는 TV와 라디오 방송도 나가고 신문과 잡지에 수학 칼럼을 연재하게 되었습니다. '수학은 밥이다'가 하나의 구호처럼 여기저기서 오르내렸고, 『○○은 밥이다』라는 제목을 단 책들도 등장했습니다.

그 후 학업을 계속하여 박사학위를 받고 대학교 강사가

되었습니다. 교육대학교와 교육대학원에서 현직교사와 예비교사를 대상으로 수학교육학 강의를 할 때마다 '수학교사는 어떠해야 하는가?'에 대하여 제 나름의 소신을 강조했습니다. 하지만 교사가 아무리 잘 가르쳐도 학부모를 비롯한 일반 성인들이 수학에 대한 편견이 있으면 아이들이 수학의 마음을 진정으로 마주하기가 어려울 것입니다. 더 나이 들기 전에 적극적으로 수학의 마음을 널리 알리는 일을 해야겠다는 생각이 들어 대학 강의를 그만두고 세계 최초 수학 전문 책방 '데카르트 수학책방'을 열었습니다. 수학으로 위로받고, 수학과 화해하고, 수학으로 자신감을 갖고, 수학의 마음을 느낄 수 있는 공간을 만들고 싶었습니다.

『수학은 밥이다』 개정판을 내려고 이전 개정판들을 다시 읽어보았습니다. 세월이 꽤 많이 흘렀음에도 요즘 책처럼 여겨지더군요. 수학에 대한 세상의 인식이 별로 변하지 않았기 때문이겠지요. 수학이나 수학교육에 대한 저의 신념 역시 그대로입니다. 20년이 넘었는데 하나도 변한 게 없다니! 신기하고 놀라우면서도 속상했습니다.

개정판 제목『수학의 마음』에서의 '마음'은 태도를 뜻합니다. 이 책에는『수학은 밥이다』의 핵심 주제인 '수학적 대화'의 중요성과 자녀가 수학을 길게 잘하도록 도와주려면 부모가 어떤 마음가짐이어야 하는지, 그리고 수학을 가르칠 때 어떻게 해야 하는지에 대한 방법론을 담았습니다. 그리고 수학 과목에서 가르치려고 하는 것은 수학지식뿐만 아니라 '수학적 태도'라는 것을 강조했습니다.

수학적 태도는 지적 호기심을 가지고 '왜?'라고 물으며 스스로 답을 만들고 정당화하는 태도를 말합니다. 이런 태도는 수학 학습을 통해 길러집니다. 12년 동안 수학을 배우면서 길러진 수학적 태도를 우리는 살아가는 내내 유익하게 사용합니다. 우리가 잘 인식하지 못할 뿐, 수학은 우리 곁에 늘 있습니다.

『수학은 밥이다』가 절판된 후에도 계속 찾는 분들이 계셨기에 『수학의 마음』이 되어 세상에 다시 나올 수 있었습니다. "곧 학부모가 될 내 딸에게 선물하고 싶은 책이에요."라고 해 주시고 완성도 있는 에세이가 되도록 섬세한 피드백을 해 주신 도서출판 푸른향기 한효정 대표님께 깊이 감사드립니다. 책방 손님으로 왔다가 "요즘 부모들에게 필요한 책이니 개정판을 꼭 내주세요."라고 하신 안수경 님, 독자 입장에서 여러 가지 조언을 주신 최수진 님, 언제나 든든한 데카르트 수학책방 공동대표 정유숙 님께 감사드립니다. 여러분들 덕분에 이 책을 완성할 수 있었습니다. 『수학은 밥이다』가 시중에 없음을 안타까워하며 꼭 다시 내달라고 하신 많은 독자분께 이 자리를 빌려 감사의 인사를 드립니다. 덕분에 이 책이 세상에 나올 수 있었습니다.

수학 전문 작가의 길을 흔들림 없이 걸을 수 있도록 곁에서 한결같이 응원하고 보살펴 준 우리 가족 모두에게 이 책을 바칩니다.

모든 아이가 수학을 느끼고 즐길 수 있기를

우리 아이가 어렸을 때 저와 함께 TV에 출연한 적이 있습니다. 당시 제 친구들과 저는 과목을 나누어 품앗이로 아이들을 함께 교육하고 있었습니다. 집 근처 놀이터에서 부모들의 품앗이 교육 현장에 대한 자료화면을 촬영할 때였습니다. 담당 PD가 "수학 몇 점 맞고 싶어요?" 하고 물으면 아이들이 "100점이요!"라고 크게 대답하는 시나리오가 있었습니다. 다른 아이들은 신나게 대답했는데, 그중 큰언니인 제 아이가 "싫어요. 전 95점만 맞을래요." 하고 고집을 부렸습니다. 촬영하시는 분은 그 말이 거슬리는지, "애야, 포부를 크게 가져야지. 왜 하필 95점이야? 100점

맞겠다고 하자. 알았지?" 하고 구슬리면서 아이 입에서 100점이란 소리가 나올 때까지 촬영을 계속했습니다. 결국 수십 분의 실랑이 끝에 딸아이는 마지못해 100점을 외쳤습니다.

한때 저도 그 PD님과 같은 생각을 했습니다. 가르치던 아이들에게 항상 "95점과 100점은 하늘과 땅 차이다. 이왕이면 완벽하게 공부해서 100점 맞아라."고 주문을 했었지요. 그래선지 아이들은 95점을 받고도 부끄러워했습니다. 5점의 한계를 극복하기 위한 노력은 가끔 눈물겨워 보일 지경이었고요. 모든 과목에서 만점을 요구하는 것이 얼마나 아이의 숨통을 막는 일인지, 아직 젊었던 저는 모르고 있었던 것입니다. 어떤 분야에서 최고가 되기 위해 노력하는 것은 장려할 만한 일입니다. 하지만 '모든' 분야에서 최고가 되라고 요구하는 것은 무리입니다. 여전히 많은 부모가 스스로도 모르는 사이에 자녀들에게 이런 요구를 하고 있습니다.

부모와 아이가 만점에 대한 환상을 버린다면 사는 게 좀 더 여유롭지 않을까요? 수학을 만점 받았으면 하는 기대를 아이 스스로 가지고 학교생활을 시작했는데 실제로 만점을 못 받는 경우가 생길 수가 있고, 그럴 경우 아이는 학교

생활 내내 패배 의식을 갖고 생활하게 될 것입니다.

여러분도 이미 다 아시다시피, 100점이 아니라고 해서 인생을 엉터리로 산 것은 아닙니다.

잘하는 아이라도 수학에서 반드시 만점을 받아야 한다는 부담을 갖게 되면 수학을 친구로 느끼기가 힘들 것입니다. 100점에 매달리는 대신 95점만 맞고 나머지 시간은 자기 자신을 위해서 쓰라고 하면 어떨까요? 책을 보든, 멍하니 앉아 하늘을 보면서 공상을 즐기든, 무엇이든 맘대로 하라고 말입니다. 그 시간들은 상투적 의미의 '공부'가 아닌 또 다른 의미의 '공부'가 될 것입니다.

그동안 세상이 많이 변했을 테니 이 책 속의 사례나 이야기가 낡았을 것 같기도 합니다만, 의외로 책 속의 현실과 지금의 현실이 그리 다르지 않습니다. 수학 학습에서 개념의 중요성에 대한 인식이 널리 퍼진 점은 다행스럽지만, 아이들의 현실은 별다르지 않습니다. 초등학생들은 여전히 선행학습을 하고 수학을 포기하는 학생들은 여전히 늘고 있습니다. 다람쥐 쳇바퀴 돌 듯 공부하고 또 공부하지만, 점점 공부와 멀어지는 아이들이 많아지는 이 아이러니한 현상을 이제는 좀 끊어야 하지 않을까요?

이 책은 '모든' 아이의 수학교육에 관한 책입니다. 모든 아이가 수학이 알려주려는 것을 제대로 배워서 세상을 살아가는 내내 수학을 잘 사용하기를 바랍니다. 이 책이 부모의 막연한 불안감을 잠재우고, 우리 아이들이 수학으로 행복해지는 데 조금이나마 도움이 되었으면 좋겠습니다.

수학의 마음으로, 강미선

1장　부모가 가져야 할 수학의 마음 10가지

내 아이에게 수학을
가르친다는 것 1

2장

나는 어떤 유형의 부모일까?

내 아이에게 수학을
가르친다는 것 2

3장

우리 아이는 어떤 유형일까?

수학 가르치기 실제 1

4장

부모가 착각하는
수학에 대한 선입견 8가지

수학 가르치기 실제 2

5장

초등수학을 가르치기 위해
꼭 알아야 할 9가지

6장 중고등학교에서 빛나게 될 초등수학의 핵심

1장

1. 아이 질문에 귀 기울이기

2. 아이가 생각하는 동안 기다려 주기

3. 다양한 경험으로 풍요로운 자양분 만들어 주기

4. 일상생활에서 수학 개념의 금광 찾아내기

5. 아이와 대화 주고받기

6. 무심코 던진 말이 아이에게 미치는 영향을 생각하기

7. 머리보다 가슴이 먼저 받아들이도록 하기

8. 수학은 '생각을 키우는 나무'라고 생각하기

9. 시행착오를 낭비로 생각하지 않기

10. 첫 수학은 가정에서 시작한다는 사실 기억하기

부모가 가져야 할
수학의 마음 10가지

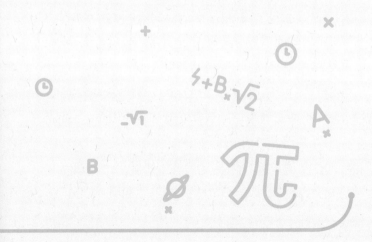

아주 예전에 버스를 타고 가다가 '커피+돈가스=5,000원'이라고 쓴 플래카드를 보고 고개를 갸우뚱한 적이 있습니다. 커피랑 돈가스를 합해서 5,000원에 먹을 수 있던 시절이었습니다. '돈가스+커피'는 많이 봤어도 '커피+ 돈가스'라니? '커피 마시면 후식으로 돈가스를 준다는 건가? 커피 전문가가 돈가스를 맛있게 할 수 있을까?' 등등 혼자 별별 생각을 다 했습니다.

아이들도 그렇지 않을까요? 어른들에게 '+'는 시간적인 순서와는 상관없는 덧셈을 뜻하는 기호입니다. 바둑돌 2개와 바둑돌 3개를 합하는 것이나 바둑돌 3개와 바둑돌 2개를 합하는 것이나 결과가 똑같은 건 너무나 당연하지요. 그런데 '주차장에 자동차 두 대가 있었는데, 나중에 자동차 3대가 들어온 것을 2+3이라고 한다.'는 것을 이제 막 배운 아이라면? +가 '나중에'를 뜻한다고 생각할 수 있겠지요.

잘 생각해 보면 일리가 있습니다. '+'라는 기호를 사용하는 상황은 여러 가지라서, 만약 '+'의 의미를 시간차가 있는 합으로 본다면, 더하는 순서가 달라지면 그 합의 의미도 바뀝니다. 예를 들어 지하철 3호선을 타고 가다가 2호선을 갈아타는 것과 2호선을 타고 가다가 3호선으로 갈아

타는 것은 전혀 달라서, 2호선+3호선은 3호선+2호선이 될 수 없습니다. 약사가 "반드시 밥을 먼저 먹고 약을 드세요. 식전에 약을 드시면 안 됩니다."라고 하는 것도 약과 밥을 먹는 순서가 달라지면 안 되기 때문입니다. 이처럼 순서가 달라지면 전혀 다른 상황이 되는 일이 우리 일상에 매우 많기 때문에, '2+3'과 '3+2'의 결과가 같다는 덧셈의 교환법칙은 수학의 세계에서 성립하는 매우 특별한 수학적 사실입니다. 수식 자체만 보는 것에 익숙해져 있는 어른들의 눈에는 당연한 사실이지만, 상황의 의미를 생각하는 아이들 눈에는 당연하지 않을 수 있다는 것입니다.

어른인 내가 당연하게 여기거나 기본이라고 여기는 사실들이 아이들에게도 그럴까? 부모가 가져야 할 수학의 마음은 바로 이 질문에서 출발합니다.

1

아이 질문에 귀 기울이기

어른들이 보기에는 어처구니없어 보이는 아이들의 질문에는 그 나름의 이유가 있습니다. 자기가 이제까지 배운 것에 비추어서 자연스럽게 궁금해하며 던지는 질문입니다.

"무한 더하기 백은 무한 백이에요?"

이제 막 3,000+100은 3,100이라고 한다는 것을 배운 아이가 '무한도 그렇지 않을까?' 하는 생각에 부모에게 묻습니다. 무한은 끝이 없어서 100을 더해도 무한이고, 1,000을 더해도 무한이라는 것을 아직 모르고 하는 질문이지요. 한창 무한에 빠져 있는 아이가 생각할 수 있는 자연스러운 질문입니다.

"덧셈은 순서를 바꾸어도 되는데, 뺄셈은 왜 안 돼요?"

왜 어느 때는 되고 어느 때는 안 되는 걸까? 궁금하기 때문입니다. 뺄셈이 어렵고 하기가 싫어서 이런 질문을 하는 것은 아니겠지요.

아이의 이런 질문들을 귓등으로 듣거나, 공부하기 싫으니까 괜히 엉뚱한 말을 하냐며 "그럴 시간에 문제 하나라도 더 풀어라."라고 하지는 않으시겠지요? 그러면 아이는 자기 생각의 폭을 키워갈 기회를 놓치게 됩니다. 쓸데없는 질문은 하지 말라고 야단을 맞거나 궁금증에 대해 제대로 된 답변을 듣지 못하는 일이 계속 쌓이면 아이는 점점 질문을 안 하게 됩니다.

아이가 질문을 하면 되도록 끝까지 받아주세요. 부모가 번번이 "모르겠다."며 다른 대화로 훌쩍 넘어가면, 아이에게는 그 문제를 깊게 생각할 기회가 사라집니다. 이제 아이에게 뭘 물어도 "몰라요."라고 대답하겠지요. 그저 남의 지식을 자기 머리에 담고 쏟아내는 것에만 급급한 사람이 되거나, 생각하는 것을 귀찮아 하고 생각하기를 멈출 수도 있을 것입니다.

바쁘고 힘들더라도, 다소 어리석어 보여도, 나름대로 호기심을 갖고 이유 있는 질문을 하는 아이의 말에 귀를 기울여주세요. 아이 질문에 즉시 정답을 말해주지 않아도 됩니다. "흠… 왜 그럴까?" 하고 되물어도 됩니다.

아이의 말을 들어주시는 게 중요합니다.

2
아이가 생각하는 동안 기다려 주기

수학은 생각을 '키우는' 과목입니다. 사고력이 좋은 아이들을 따로 걸러내려는 과목이 아닙니다. 모든 평범한 아이들이 수학적으로 생각할 수 있도록 가르치는 과목입니다.

초중고 12년 동안의 수학 학습을 통해 최소한의 체계적 사고 능력을 갖추도록 가르치는 것이 수학교육의 목적입니다. 수학에서 다루는 각종 문제(울타리에 말뚝 박기, 고장난 시계, 몇 년 후에 나이가 2배가 되는가? 등등)들은 생각하는 연습을 하게 하는 소재일 뿐입니다. 물론 울타리에 말뚝을 박으려는 사람에게는 실생활에서 사용하는 유용한 지식일 것입니다. 하지만 울타리에 말뚝 박는 일을 시키려고 모든 아이에게 이런 문제를 풀게 하는 것은 아니지요. 이런 간단한 문제들을 통해 '우리에게 주어진 문제를 어떻게 해결할 것인가.'의 사고 과정을 익히게 하려는 것입니다.

생각을 하는 데는 시간이 걸립니다. 특히 수학은 생각하는 법을 배우는 과목이라서 시간이 많이 걸립니다. 생각을 깊게 하려면 무엇보다도 생각할 시간이 충분해야 합니다.

생각하는 시간이 얼마나 걸리는가는 아이에 따라 다릅니다. 짧은 시간에 깊게 생각하는 습관이 있다면 집중력이 좋은 것이지요. 한 가지에 오래 빠져들 수 있다면 사고를 깊게 하는 데 유리합니다.

하지만 어린아이들은 아직 끈기가 부족하고 산만합니다. 대부분의 아이가 그렇습니다. 내 아이가 그렇다면, 내 아이가 모자라서가 아닙니다. 보통의 아이라서 그렇습니다. 수학 학습을 통해 차츰 집중력과 지구력이 길러집니다.

아이가 문제를 풀다가 잘 모르겠다고 가져왔을 때, 즉각적으로 반응하기보다는 이걸 어떻게 지도해야 할지 잠깐이라도 생각해 보세요. 이때 아이는 기다려야 합니다. 어른도 생각하는 데 시간이 걸린다는 것을 안 아이라면, 자기가 생각하는 데 시간이 걸리는 것이 당연하다고 생각할 것입니다.

우리는 무슨 일을 할 때 시간이 많이 걸리면 초조해지는 경향이 있습니다. 생각하는 데 시간이 걸리는 것을 자연스럽게 생각해 주세요.

꼬리에 꼬리를 무는 식의 생각을 하다 보면 생각이 깊어집니다. 깊은 곳까지 생각의 꼬리를 늘어뜨릴 줄 알아야 생각도 깊어지고 문제도 잘 해결할 수 있습니다. 아이에게 생각할 시간을 주고, 다양하게 생각해 볼 여유를 갖도록 이끌어 줄 수 있는 존재는 누구보다 부모입니다.

3
다양한 경험으로
풍요로운 자양분 만들어 주기

아이가 태어나 자라는 동안 다양한 경험을 하게 됩니다.

예를 들어 자기가 마실 물을 직접 컵에 따라본 아이는 어느 컵은 금방 차고, 어느 컵은 한참 있다가 컵이 다 찬다는 것을 보게 됩니다. 컵의 크기와 물의 양 사이의 관계에 대해 경험을 하는 순간입니다. 마트나 시장에 가서 감자를 골라 저울에 직접 달아보았거나 어른이 그렇게 하는 것을 보는 것도 그렇습니다. 무게와 돈의 비례 관계를 경험하는 순간입니다. 학교에서 집까지 걸어가는 날도 있고 자전거를 타고 간 날도 있다면, 아이는 속력과 시간의 관계를 경험할 수 있습니다.

이처럼 생활에 참여하면서 아이가 겪는 다양한 경험들은 '관계'에 대한 생각으로 아이를 이끕니다. 그리고 이런 상황은 수학 문제가 되어 아이 앞에 등장하기도 합니다. 예를 들면 "빨간 컵에 물을 가득 채운 뒤 노란 컵에 옮겨 담았더니 노란 컵에 물이 넘쳤습니다. 두 컵 중에서 들이가 적은 것은 무슨 색 컵일까요?"라는 수학 문제로 등장합니다. 저울 그림을 제시하고 "몇 kg 몇 g일까요?"라고 묻는 문제로도 나오지요.

평소 생활에 참여하고, 그 과정에서 이런저런 관찰을 하며 생각을 해 보는 경험을 얼마나 했느냐 아니냐에 따라 아이의 사고의 깊이가 달라지는 것은 지극히 당연합니다.

아이가 살아오면서 한 다양한 체험과 이 과정에서의 사고 경험은 나무로 친다면 토양의 영양분인 셈입니다. 영양분이 많은 토양에서 자라야 아름다운 꽃과 열매를 맺을 수 있겠지요. 생각할 소재가 될만한 경험을 별로 안 하는 것은 토양에 양분이 거의 없는 것과 같습니다. 토양은 척박한데 예쁜 꽃을 피우고 토실토실한 열매를 맺으려면 나무가 얼마나 고통스럽겠습니까.

수학 공부 측면에서 보면, 어느 수준까지는 잘하는데 그 이상의 어느 지점에서는 자신의 능력을 최대한도로 발휘하지 못하는 아이들이 있습니다. 오랜 기간 여러 아이를 지도하면서 뭔가 실력 향상에 한계가 있어 보이는 고등학생들을 볼 수 있었습니다. '도대체 그 이유가 뭘까?' 궁금해졌습니다. 오랜 관찰 끝에, 그 아이들이 지금 당장 열심히 공부하지 않아서가 아니라는 것을 발견하였습니다. 유아기와 초등학교 때의 잘못된 학습 습관과 수학적 경험이 척박했던 것이 결국 아이가 고등학생이 되었을 때 한계로 드러나게 된다는 것입니다.

취학 전에 어떤 경험이 있었는가는 결국 취학 후에 드러납니다.

4

일상생활에서
수학 개념의 금광 찾아내기

시계 보는 법을 익히는 것은 어렵습니다. 별의별 도구를 갖고 그렇게 고생을 했는데도, 여전히 시계 보기를 못 하는 2학년 아이들이 많습니다. 그런데 어떤 아이는 그냥 자연스럽게 시계를 술술 읽습니다. 거실 벽에 있는 진짜 시계를 늘 쳐다보면서 시계 보기 경험을 일상적으로 했던 아이입니다. 이 아이와 수학 공부 시간에만 모형 시계를 가지고 시계 보기를 배우는 아이 중에서 누가 더 시계를 잘 보게 될까요?

시계는 생활에서 늘 보는 것입니다. 수학 시간에 시계 보기를 배우는 이유는 그게 생활에 있기 때문입니다. 생활에서 시계를 보면 수학 시간에도 잘하게 됩니다.

일상생활은 금광과 같은 교육적 기회입니다. 식탁 정리, 음식 담기, 컵에 우유 따르기 등을 아이가 직접 하도록 하는 부모들이 있습니다. 아이의 자립심을 키우기 위해서이지요. 하지만 이렇게 생활에 참여시키는 것이 사실은 '지능'을 높이는 것과 더 밀접한 관련이 있습니다. 아동교육심리학자 장 피아제Jean Piaget는 "아이에게 언제든지 곤란한 질문을 하도록 허용하라."는 취지의 말을 다음과 같이 했습니다.

아이는 어느 날 갑자기 똑똑해지거나 자율적이 되는 것이 아닙니다. 만일 부모가 강제적이고 권위적인 태도로, 아이와 관련된 일에도 아이 자신에게 선택권을 주지 않고, 특히 아이들 사고의 특징을 이해하지 못함으로써 '지저분한 놀이' '쓸모없는 물건 모으기' '곤란한 질문의 연속' 등을 허용하지 않으면, 결국 그 아이는 자기주장을 할 수 없게 됩니다. 어떤 아이는 자기가 말을 적게 할수록 야단맞는 일도 줄어든다는 것을 가정에서 먼저 학습합니다. 사물을 만지거나 망가뜨리는 것을 겁내는 아이, 자기 생각을 잘 표현하지 못하는 아이는 정서적인 장애뿐만 아니라 지능적인 장애도 갖게 됩니다. 이런 아이는 사물을 느끼고 경험할 기회를 저지당함으로써 내적인 자기세계를 발달시킬 기회도 함께 박탈당하기 때문입니다.

아이가 어느 순간에 갑자기 자발적이고 자율적이 될 수는 없습니다. 이런저런 시행착오를 겪는 과정이 있어야 하지요. 그러는 동안 지능도 높아지고 자립심도 서서히 자랍니다. 그러나 일부 교사나 부모는 종종 이런 기회를 놓쳐 버립니다. "고등학생이 되면 스스로 알아서 할 줄 알았어요."라고 말하는 부모 옆에서 이제 막 고등학생이 된 아이가 말합니다.

"어떻게 갑자기 제가 그렇게 돼요? 저한테 왜 이러세요?"

이 아이는 중학교 3학년 때까지 엄마가 모든 것을 다 해 주었다고 합니다. 엄마는 지쳤고, 이제 고등학생이 되었으니 아이가 알아서할 때가 되었다고 생각합니다. 아이 입장에서는 '갑자기?'일 뿐입니다.

아이가 실수하고 제대로 못 하는 모습을 지켜보는 게 너무 힘들다며 매번 대신해 주고, "가서 공부를 해라."고 하는 부모들이 있습니다. 일상생활이라는 수학의 세계에 아이를 동참시키지 않고, '수학'을 따로 떼어 놓고 '가르치려고만' 합니다. 자신들이 '교육'이라고 생각하는 것 이외의 것들에 대해서는 가르치려고 하지 않는 분들입니다. 아이가 누려야 할 귀중한 학습의 기회들을 빼앗는 것이지요. 이렇게 되면 아이가 받아들이는 수학은 점점 한정됩니다. 수학 문제를 생활에서 경험할 수도 있는 실제 문제로 보지 못하고, 단지 시험문제를 위한 문제로만 보게 됩니다. 이렇게 배운 지식은 지속적이지도 않고, 생명력도 길지 않습니다.

수학은 생활 속에 있습니다. 생활에 널려 있는 풍부한 수학적 소재를 자연스럽게 경험하는 것이 아이의 실력을 기름지게 합니다. 어려서부터 자연스럽게 체득한 생활 경험과 사고 경험은 고학년이 되면서 점차 빛을 발합니다. 생활이 문제 속으로 들어간 것이기 때문에 생활 경험이 풍부한 아이들에게는 익숙한 것들이기 때문입니다. 낯설고 새로운 수학을 처음 배울 때도 별다른 어려움 없이 자연스럽게 익힐 수 있는 이유입니다.

생활하면서 시계도 쳐다보고 과일이 몇 개인지 세어보고 가구의 굴곡을 만져보는 것과 같은 생활 경험으로 풍부한 지적 토양을 만들어 주세요.

5
아이와 대화 주고받기

'대화'는 더 풍부한 토양이 됩니다.

단지 공을 만져본다고 저절로 공의 특성을 깨닫게 되는 것은 아니지요. "상자는 공과 어떻게 다를까?" 하는 질문이 공을 제대로 관찰하게 하고, 공의 특성을 발견하게 합니다. 그런데 대화를 대수롭지 않게 여기는 분들이 많습니다. 대화는 여러 가지 장점이 있습니다.

첫째, 대화는 돈이 들지 않습니다.

수고로울 뿐이지요. 그렇다고 아주 수고롭지도 않습니다. 정교한 대화의 스킬이 필요한 것도 아니에요. 아이가 하는 말을 잘 들어주고, "왜?" 하고 물으면 됩니다. 아이가 집에 와서 학교에서 지낸 이야기를 하면, "그래서?" "왜 그랬대?" "어떻게 될까?" "넌 어떻게 생각하는데?"라고 물어 보세요. 물론 따지거나 캐묻듯이 물으면 안 됩니다. 상냥하게 물어주세요.

둘째, 대화는 생각을 끌어냅니다.

부모·교사·친구·형제 등 주변 사람들과의 '대화'로 이끌어지는 '생각의 경험'을 통해 아이의 사고가 자랍니다. 대화 속에서 적절한 질문, 반성적 사고reflective thinking를 일으키는 발문이 일어납니다. 무의식중에 하는 행동에 대한 어떤 비판적인 질문을 통해서 아이는 자기가 보지 못하던 것들을 새롭게 바라보게 됩니다. 예를 들어 "어머, 너 그거 어떻게 알았어?"라는 질문은 '앗? 내가 어떻게 알았더라?' 하며 자신의 생각을 돌아보게 합니다. 대화는 자기가 의식하지 않던 자신의 내면을 자세히 들여다보게 하고, 이것이 생각의 시작입니다.

셋째, 대화는 일상생활에서 일어납니다.

생각은 아무 때나 합니다. 정해진 시간에 책상에 앉아야만 비로소 생각을 하게 되는 것은 아닙니다. 우리는 걸어가면서도 생각하고, 화장실에서도 생각하고, 하품할 때도 생각을 합니다. 생각을 깊게 하는 습관은 엉덩이가 아니라 머리에서 길러집니다. 언제 어디서든 생각을 하는 이런 습관은 부모와 함께하는 일상생활에서 길러집니다. 아이가 수학을 잘하기를 바란다면, 평소에 대화를 많이 해 주시기 바랍니다.

넷째, 대화를 통해서 수학을 배웁니다.

대화를 통해서도 수학을 배울 수 있습니다. 사실 문제집 속 수학 문제들은 대화를 일으키는 일종의 '질문'입니다. "그게 왜 그렇지?"에 대한 답을 찾아가는 과정이 수학이니까요. 생각을 하려면 질문이 있어야 하고, 꼬리에 꼬리를 무는 질문을 따라가면서 생각이 깊어집니다. 수학에서는 평소에 늘 '생각'하는 경험과 이런 기회를 제공하는 '질문'이 가장 강력한 영양분입니다. 원인과 이유, 자기 의견 따위를 생각하게 만드는 질문이 아이를 수학적으로 사고하도록 만듭니다. 근거도 없이 "당연하지."라고 주장하는 사람보다, '내가 알고 있는 게 정확한가? 근거가 뭐지?'라고 스스로를 되돌아볼 줄 아는 사람이 지능이 더 높다고 합니다. 수학 문제를 풀면서, "내가 푼 게 맞는 걸까?"라고 돌아볼 줄 아는 아이가 지능이 더 높다는 것입니다. 이러한 의심은 불안하고 자신감 없는 의심이 아니라, 학문을 하는 데 꼭 필요한 '반성적 사고'입니다.

우리가 가르쳐야 하는 게 바로 그런 지능을 갖게 하는 것이고, 부모로서 키워줘야 할 것도 이런 지능입니다. 반성적 사고를 일으키는 대화가 아이의 지능을 높인다고 볼 수 있겠습니다.

6
무심코 던진 말이
아이에게 미치는 영향을 생각하기

부모는 태어나면서부터 아이에게 주어진 일종의 사회적 환경입니다.

아이가 자라면서 유연한 시각과 다양한 관점을 가지느냐 못 가지느냐는 아이와 가장 많은 시간을 함께하는 부모라는 환경과 관련이 있겠지요.

두 가지 유형의 부모가 있습니다. 정답을 내는 데 걸리는 시간보다는 오답을 낸 이유(왜 그럴 것이라고 생각했는지, 그 답에 나름의 일리가 있는 건 아닌지)에 더 많은 시간을 투자하는 부모와, 반복해서 풀다 보면 언젠가는 이치를 깨닫게 될 거라고 믿는 부모입니다. 아이의 부모가 어떤 분들인지에 따라서 앞으로 아이가 경험할 내용과 방향이 달라지겠지요.

수학에 대한 고정관념도 평소 집에서 주고받는 대화 속에서 만들어집니다. "수학 못 하면 직장도 못 구해."라며 부모가 무심코 던진 한마디는 수학에 대한 불안감을 일으키고, "수학을 배워서 뭐에다 쓰나 몰라."라는 말은 수학은 불필요하다는 편견을 만듭니다. 어렸을 때부터 이런 말을 수시로 듣고 자랐는데, 어느 날 "수학은 재밌는 거야. 수학에 대한 호기심을 가져."라는 말을 들었다면 그 말이 진심으로 들릴까요?

아이가 질문을 했는데 "이렇게 쉬운 건 너 혼자 해도 되잖아."라고 했다면, 그 아이는 쉬운 문제에 대한 질문은 쓸데없는 것이라고 생각할 것입니다. "이번에 시험 보느라 수고했어. 이번에도 잘했지만, 다음엔 백점 맞자!"라는 말은 아이로 하여금 '지금 내 점수는 엄마 아빠를 실망시킨 거구나.'라는 생각을 하게 합니다. "누구네 ○○이는 천재인가 봐. 수학을 엄청 잘한다더라. 이번에 영재반에 들어갔대."라는 말은 자신을 부끄럽고 미안하게 만듭니다. '나는 수학을 못 하니까 머리가 나쁜 것 같아.'라며 자책하게 할지도 모릅니다. "어쩜 그렇게 빨리 계산하니? 대단해!"라는 말을 들은 아이는 "수학은 계산만 잘하면 된다."는 생각을 할지도 모릅니다.

아이가 부모와 함께 공부하는 모습을 관찰하다 보면, 부모의 수학에 대한 신념을 대물림하려는 의도를 발견합니다. 예를 들면, "수학은 암기야."라는 식이지요. 오래전에 배웠던 수학에 대한 편견이 담긴 이런 말은 일상에서 무심코 던져지고 무의식중에 반복됩니다. 아이는 자주 듣는 그 말에 영향을 받을 수밖에 없습니다. 무심코 하는 말이 아이에게 어떤 영향을 줄지, 그 말을 듣는 아이의 입장에서 생각해 주세요.

7
머리보다 가슴이 먼저
받아들이도록 하기

최근 우리나라 학교 수학 내용과 전개 방식은 과거에 부모들이 공부했을 때와 많이 달라졌습니다. 답만 구하면 되었던 예전과 달리 그 답의 '근거'를 묻는 일이 많아졌습니다. 빤한 답을 두고도 이유를 쓰라고 합니다. "다른 방법을 생각해 보세요."라는 열린 질문(정해진 정답이 없음)도 많습니다.

수학은 이성적인 학문이라는 편견을 가지고 있는 분도 많은데, 이성보다 앞서는 게 정서라서 머리보다는 가슴이 먼저 받아들이도록 하는 것이 요즘의 수학교육 방향입니다. 수학은 머리로만 한다고 생각하던 예전에 수학을 가르치고 배웠던 부모들 중에 수학이 정서에 미치는 영향에 무심하거나 그 영향을 무시하는 분들도 있는 것 같습니다. 그래서 예전에 배운 수학을 생각하고 아이에게 자신의 학습 방법을 그대로 따라 하도록 시키기도 합니다.

우리 아이가 어떤 특징을 갖고 있는지를 객관적으로 파악하려는 노력이 필요합니다. 그런데 부모는 교사에 비해 아이를 가르친 경험이 적을 수밖에 없어서 자녀의 특성을 파악하기가 힘듭니다. 그래서 본인 자신의 경험과 배우자의 경험, 학창 시절 몇몇 친구가 했던 성공적인 학습법을 아이에게 알려주고 그렇게 하라고 시키는 분이 많습니다. 아이들은 다 다른데 방법은 다 똑같으니 기대에 비해 성공률이 낮을 수밖에요.

교육 서적을 많이 읽고 교육 관련 다큐멘터리 등을 시청하면 이 세상에는 다양한 스타일의 아이가 존재한다는 것을 알 수 있습니다. 아이 자신의 학습 스타일에 따라 수학 공부를 할 수 있게 배려해 주시기 바랍니다. 부모나 다른 사람들의 공부 방식을 내 아이에게 적용하려는 것은 아이의 특성을 무시하는 것입니다. 내 아이를 중심에 놓고, 이 아이의 특성에 맞는 방법을 찾아보는 것이 어떤 특정한 학습 방법을 따라 하도록 시키는 것보다 훨씬 효과적일 것입니다.

8

수학은
'생각을 키우는 나무'라고 생각하기

초등학교 입학을 앞둔 자녀를 둔 부모를 대상으로 강의를 하면서 이렇게 말했습니다.

"수학은 이 아이의 머리가 얼마나 좋나? 생각을 얼마나 잘하나?를 측정하고 서열을 매기는 과목이 아닙니다. 수학은 머리를 '키우는' 과목입니다. 교육은 본래 아이들을 잘 길러내는 것이 목적이고, 그중 수학교육은 수학적 사고를 기르는 것이 목적입니다."

저로서는 너무나 당연한 말을 한 것이었지요. 그런데 반응이 놀라웠습니다. "수학이 수학적 사고를 기르는 과목이라니, 그런 말을 처음 들었어요."라고 한 분들도 있었습니다.

　부모는 자신이 중요하다고 여기는 것들을 자녀에게 주려고 많은 노력을 합니다. 수학 학습으로 예를 들자면, "문제를 많이 푸는 것이 아이에게 영양분이다."라고 생각하는 부모는 그것이 중요하다고 생각하니까 자기 아이를 지도할 때도 많은 문제를 풀게 합니다. "미리 빨리 배우는 것이 아이를 쑥쑥 크게 자라게 하는 영양분이다."라고 생각하는 부모는 선행학습 스케줄을 짜는 것에 고심합니다.

　수학은 서열을 매기는 과목이고, 타고난 사고력이 없으면 수학 시험에서 낮은 점수를 받아서 낙오한다고 생각하는 부모가 많은 것 같습니다. 타고난 사고력이 높으면 굳이 학교 수학을 안 배워도 되겠지요. 수학이 생각을 키운다는 생각을 못 하고, 일단 많이 알아야 유리하다는 생각에 선행학습을 시키는 분들이 있습니다. 그런 분들에게 수학은 단지 등급표일 뿐일 것입니다.

　수학 학습을 통해 수학적 사고력이 길러진다고 생각하는 부모는 아이의 타고난 사고력이 얼마인지에 대해 큰 관심이 없습니다. 사고력은 앞으로 기르면 되니까요.

　수학적 사고를 기르는 것이 수학을 가르치는 본래 목적입니다. 수학을 통해 생각하는 힘이 자라고 생각의 폭이 넓어집니다. 수학은 생각을 키우는 나무입니다. 아이를 미리 가르쳐서 다른 아이들보다 뛰어난 실력을 갖도록 노력하는 일보다, 아이가 배운 것을 어떻게 하면 잘 소화할 수 있을지 고민하는 것이 더 중요합니다. 수학은 문제를 많이 풀어내는 과목이 아니라, 생각을 키우는 과목이기 때문입니다.

9
시행착오를 낭비로 생각하지 않기

브라질에서 부모와 아이가 짝을 지은 팀과 교사와 아이가 짝을 지은 팀이 쌓기나무로 모양을 만드는 문제를 해결하는 실험을 했습니다. 그 결과 성적은 양편 모두 비슷했습니다. 하지만 문제 푸는 광경은 많이 달랐습니다.

'부모와 아이' 팀은 부모가 먼저 문제를 이해하고 간단한 부분만을 아이에게 시켰습니다. 문제가 무슨 뜻인지를 함께 고민하는 게 아니라 부모만 고민을 하고, 그동안 가만히 있던 아이는 부모가 시키는 대로 했던 것입니다.

이와는 반대로 '교사와 아이' 팀은 문제의 시작부터 끝까지 교사와 아이가 함께 했습니다. 이 문제가 무엇을 말하는 것인지 서로 의사 교환을 하면서 실타래를 함께 풀어갔던 것이죠. 두 팀의 평균 점수는 비슷했어도, 수학을 배우는 이유를 생각해 볼 때 그 둘의 차이는 매우 큽니다.

위 연구에서는 서로 다른 이런 모습의 원인이 그 당시의 브라질 경제 문제와 관련이 있다고 분석했습니다. 물품이 흔하지 않아 한정된 재료로 낭비 없이 물건을 만들어내야 했던 당시 상황에 익숙했던 부모들에게 '실수는 곧 낭비'로 보였던 것입니다. 그래서 경제적으로 실수가 없도록 하기 위해 일단 문제의 해석은 본인들이 하고, 실수하지 않을 부분만을 자녀들에게 시켰던 것이지요.

반면 그 연구에 참가한 교사들은, '수학이란 문제해결 과정에서 감각이 생기는 것'이라는 생각으로 아이들을 지도했습니다. 아이에게 의견을 물어보고, 응답을 기다리고, 실수를 이해함으로써 서로 배우는 게 중요하다고 생각한 것입니다.

이 실험 이야기를 읽으면서 아이를 앞에 놓고 닦달하던 순간들, 아이가 생각할 때 걸리는 시간이 아까워서 기다리지 못하고 성급하게 힌트를 일러주던 일들이 떠올랐습니다.

수학적 사고는 공장에서 생산하는 물품이 아닙니다. 그러니 브라질 부모들처럼 생산성을 기대해서는 안 됩니다.

옳은 대답이든 그른 대답이든 자신의 의견을 갖는 게 우선이고, 자기 스스로 잘못된 점을 찾아보려는 반성의 시간을 갖는 게 훨씬 더 중요합니다. 그것이 진정한 수학적 사고이고, 수학의 마음을 갖게 되는 것입니다.

자녀에게 수학을 지도하면서 브라질 부모들처럼 '생산성' 면에서 적은 시간에 최대의 결과를 얻어야 한다는 초조한 마음을 갖고 있는 분들이 있습니다. 아이에게 수학적 사고를 길러주려면, 최소한 내 아이의 반응을 기다려 줄 줄 알고 생산성이나 효율성보다는 '교육적'인 안목에서 아이를 보아야 합니다. 부모니까요.

10

첫 수학은 가정에서 시작한다는 사실 기억하기

부모가 초등학교를 졸업한 지 짧게는 십 년, 길게는 수십 년이 지났을 것입니다. 그동안 교육과정이 계속 개편되었 습니다. 자녀에게 수학을 가르치기 전에는 이런 사실조차 몰랐다가, 아이가 학교에 들어가면서 알게 되신 분들이 많 겠지요.

초등학교에 들어가서 1학년 첫 시간에 배우는 게 1, 2, 3 입니다. 하지만 이미 아이는 태어나면서 가정에서 다 배웠 습니다. 1, 2, 3, 4를 모르고 7~8년을 살아올 수는 없었으니 까요.

막상 아이를 지도하게 되었지만, 부모는 예전 방식으로

지도합니다. 자신이 배웠던 학창 시절의 그 수학을 떠올리고(그때 가졌던 불유쾌한 경험도 여전히 갖고 있는 분들도 많지요.) 그때의 생각을 가지고, 요즘을 사는 자기 아이를 가르치게 된다는 것입니다. 교육정책은 계속 바뀌지만 현실은 거의 바뀌지 않고 있다고들 하는데, 이것이 가장 큰 근본 이유로 보입니다.

부모가 자신이 수학을 배웠을 당시의 수학에서 벗어나기 힘든 이유는, 학교를 졸업한 이후에는 대부분 학교 수학에서 손을 떼었기 때문입니다. 가정 수학과 학교 수학 사이에 괴리가 크면 아이는 혼란스럽습니다.

사실 아이가 부모로부터 배우는 것은 수학 자체보다는 '수학을 대하는 태도'입니다. 아이들이 매일매일 배우는 것은 지식 자체라기보다는 그 지식을 대하는 태도와 지식을 얻는 방법입니다. 그런 것은 몸에 익숙해져서 결국 생각을 지배하게 됩니다. 부모가 수학에 대해 어떤 감정을 갖고 있느냐에 따라, 아이가 수학을 좋아하게 될 수도 있고 싫어하게 될 수도 있습니다. 수학이 자기 삶에 유익한 과목이라고 생각할 수도 있고, "이놈의 수학, 대학만 들어가면 영영 인연이 끝날 거야."라고 생각할 수도 있지요.

생활계획표를 지키고 바른 자세로 책상에 오래 앉아 있는 습관보다, 자신이 배운 것을 다시 생각해 보는 습관이

야말로 수학적인 태도입니다. 생각하는 태도야말로 어려서부터 길러야 합니다. 다 커서 몸에 배기는 힘드니까요.

수학 학습은 학교 이전에 이미 가정에서 일어나고 있습니다. 아이들은 학교가 아닌 부모에게서 처음으로 수학을 배운다는 사실을 꼭 기억해야 합니다.

2장

내 아이에게 수학을
가르친다는 것 1

나는 어떤 유형의 부모일까?

학교 선생님은 한 학년만, 학원 선생님은 한두 과목만 가르치지만, 부모는 아이와 평생을 같이 합니다. 아이의 성향, 능력, 미래, 현재 상태를 잘 파악해서 아이 교육 전체의 균형과 조화를 생각할 수 있는 사람은 부모밖에 없습니다. 그래서인지 최근에는 직접 가르치려고 노력하는 부모들이 상당히 많이 늘었습니다. 사교육에 맡기면 성급하게 진도만 나갈까 봐 손수 수학을 가르친다는 분도 많아졌습니다. 수학이 교과서에만 있는 게 아니라 우리 생활 가까이에 있다고 생각하는 분들도 많아진 것 같아 다행스럽게 생각합니다.

하지만 아이들은 여전히 수학을 힘들어하는 것 같습니다. 이유가 무엇일까요?

내 아이에게 수학을 가르친다는 것은 어떤 것일까요? 가르치기 전에 먼저 나는 어떤 유형의 부모일까? 내 아이는 어떤 유형일까? 에 대해 생각해 봅시다.

1

느린 철학 부모 vs 빠른 철학 부모

두 유형의 부모가 있습니다.

첫째 유형은, "인생은 기니까 처음부터 달릴 필요는 없지. 우리는 천천히 갈 거야."라는 느린 철학 부모입니다. 두 번째 유형은 "처음부터 앞자리를 차지해야 밀리지 않아."라는 빠른 철학 부모입니다. 느린 철학 부모는 어린아이에게 공부를 많이 시키지 않고, 빠른 철학 부모는 공부를 많이 시킵니다. 그래서 출발은 이런 모양입니다.

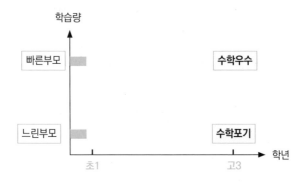

언제 자라나 싶은 아이들은 쉬지 않고 쑥쑥 자랍니다. 어느새 고3이 되었습니다. 고3이 된 아이의 수학 실력은 어떻게 되었을까요?

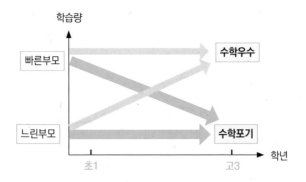

굵은 선은 후회하게 되는 다수를 뜻하고. 가느다란 선은 두 유형의 부모가 애초에 바라던 것을 이룬 소수를 뜻합니다.

느린 철학 부모 중에는 아이가 자라면서 학교 진도에 맞게 자연스럽게 도와주는 부모가 있고, "언젠가는 스스로 알아서 하겠지." 하고 있다가 수학 부진의 늪에 빠지는 아이를 속수무책으로 바라보는 부모도 있습니다.

빠른 철학 부모 중에는 선행학습과 심화학습을 통해 아이를 단단히 무장시키려고 했지만, 초2를 넘어가면서, 혹은 초4를 넘어가면서 아이로부터 "수학 싫어!"라는 말은 듣는 부모가 있고, 애초에 바라던 대로 수학에 자신감을 갖는 아이로 키운 부모가 있습니다.

부모가 좀 느린 철학을 가져야만 아이가 수학에서 성공을 한다거나 부모가 빠른 철학을 가져야만 아이가 수학에서 성공을 한다거나 하는 공식은 없습니다. 부모가 느린 철학을 가지면 아이가 뒤떨어져서 실패를 하고, 부모가 빠른 철학을 가지면 지쳐 떨어져 실패를 한다는 공식도 없습니다. 초기의 계획이 뜻대로 이루어지기 힘들다는 것이지요.

어떤 철학을 가졌든, 잘 될 수 있고 그렇지 않을 수도 있습니다. 잘되도록 함께 노력하고 서로 도와주어야겠지요.

2

내가 혹시 스파르타 부모?

학원 교육에 길들지 않고 자발적으로 학습하는 아이가 되길 바라지만, 사교육보다 더 조급하게 아이를 닦달하는 분들도 있는 것 같습니다. 졸음이 쏟아지는 아이를 억지로 책상에 앉히며 다음과 같이 말합니다.

"너 오늘 하기로 한 거 다 했니? 매일 문제집 다섯 쪽씩 풀기로 한 거 알지?"

"그게… 오늘 체육을 해서 너무너무 피곤한데요, 내일 한꺼번에 10쪽 하면 안 될까요?"

"안돼. 오늘 할 일을 내일로 미루면 게으른 사람이 되는 거야. 그날 할 일은 반드시 그날 해야 해. 얼른 일어나서 똑

바로 앉아!"

부모는 사실 하루 종일 직장에서 일했거나 집안일을 하느라 피곤한 상태입니다. 그런 몸을 이끌고 아이를 지도하고 있는 터라 체력적으로도 몹시 힘이 듭니다. 하지만 공부 시간을 어기지 않아야 한다고 단단히 결심했기에, 오늘의 학습량을 채우지 못하고 어영부영하게 될까 봐 불안한 마음이 큽니다. 어떻게든 오늘의 학습량을 채우게 해야 한다고 생각하고 있습니다.

그렇게 어찌어찌해서 간신히 세 쪽을 풀었다 해도, 아이는 다음날 그 내용을 전혀 기억하지 못합니다. 그 컨디션에서는 집중할 수 없었기 때문이지요. 집중하지 않은 것은 기억에도 남아 있지 않습니다.

우리의 두뇌에서 감정적인 반응을 일으키는 부위가 인지적인 반응을 일으키는 부위보다 더 빨리 자라서 감정에 더 좌우되기 때문일 수도 있습니다. 뇌과학에 따르면 '의미가 있어야' 뇌가 잘 기억을 한다고 합니다. 생존과 무관한 지식인데다가 이걸 왜 해야 하는지를 모르는 상태에서의 학습이 기억으로 남지 않는 이유입니다. 아이는 어제 공부한 것이 기억나지는 않지만, 어제 느낀 짜증과 불쾌감은 생생합니다. 다섯 쪽의 진도를 지킨 것과 수학에 대한 불쾌한 경험 중에 어느 게 아이의 학습에 영향이 클까요? 부디, 아이 컨디션을 봐가며 지도계획을 수정할 줄 아는 여유를 가지시기를 바랍니다.

'수학 오답노트를 만들게 한다.'는 원칙을 한 번 정하면 무조건 밀어붙여야 한다고 믿는 분들이 있습니다. 초등학교 1, 2학년 아이에게도 오답노트를 시키는 분들도 있어서 깜짝 놀랐습니다. 오답은 자신의 실패를 의미합니다. 아이 앞에서 틀린 문제 개수를 세고 있으면, 그걸 보아야 하는 아이 마음이 어떨까요? 실패한 것을 다시 들여다보는 것도 힘든데, 쓰기까지 해야 하다니요! 아이의 기억에는 성공보다는 실패가 더 많이 차지하게 될 것입니다.

오답노트는 초등학교 고학년 정도는 된 후, 정답률도 최소 70퍼센트 이상은 되어야 효과적이고, 직관이 뛰어난 아이의 경우엔 오답노트가 필요 없다고 봅니다. 그런데 학년에 상관하지 않고 예습 과정 중이거나 정답률 50퍼센트 이하인 경우에도 틀린 문제를 모조리 쓰게 하는 분들이 있습니다. 누구라도 그렇게 하다간 금방 질려버리지 않을까요?

이런 식으로 강하게 밀어붙이면 아이와 마찰이 심해질 수밖에 없습니다. 그러다 갈등이 심해지고 한계에 도달하면, 아이보다 부모가 먼저 포기를 하기도 합니다. 다그치고, 야단치다가 부모가 지쳐 먼저 포기하는 것입니다.

내 아이를 가르치는 일은 정말이지 많은 인내심을 필요

로 합니다. 눈앞의 성적보다는 아이의 마음 상태를 더 신경 쓰는 여유, 아이가 잠시 다른 생각을 하더라도 기다릴 수 있는 마음의 여유가 필요합니다. 그런 마음 자세가 되어 있지 않다면, 아이를 도와주기는커녕 자칫 '아이 잡는' 엄마표, 아빠표 수학이 될 것입니다. 사설 학원 못지않은 스파르타식 지도가 과연 교육적일까요?

나의 조급함이 아이에게 어떤 영향을 끼치는지 매 순간 우리 자신을 돌아봅시다. 그리고 한 발짝 떨어져서 지켜봅시다. 밀지도 당기지도 말고, 그대로 지켜보는 것은 매우 힘이 드는 일입니다. 아이가 스스로 빛나기를 바란다면, 믿고 놓아주는 게 가장 좋습니다.

3

수학 공포 키우는 부모?

수학이라면 진저리를 치는 4학년 아이가 있었습니다. 다른 과목에 비해 유독 수학만 싫어하는데, 싫어하는 정도가 지나쳤습니다. 학교 시험 중에 엎드려 있기도 하고, 하기 싫은 문제 앞에서는 꼼짝도 안 하는 모습을 보였습니다. 지능지수는 우수하다고 하니 수학을 수행하는 게 힘들지는 않을 텐데, 이유가 무엇일까요? 수학 자체에 대한 깊은 '혐오'가 있는 것 같았습니다.

이 아이는 수학 때문에 부모와 실랑이를 벌인 일이 매우 잦았습니다. 아이가 싫어하면 할수록, 불안한 마음에 한 문제라도 더 들여다보게 한 것입니다. 그렇게 억지로 해서 하다 보면 언젠가 취미와 실력을 붙게 할 수 있는 경우도 있겠지만, 이 아이처럼 점점 수학으로부터 도망치게 하는 일이 현실에서는 더 많습니다. 트라우마까지 생깁니다.

부모가 아이를 채근하고, 아이가 수학을 두려워하게 되고, 점수가 안 나오고, 그러니까 더 채근하고, 아이는 자꾸 도망가고, 더더욱 억지로라도 자리에 앉히고 소리 질러가며 오늘 할 분량을 어떡해서든 끝까지 하게 하고, 아이는 지치고…. 아이는 결국 '수학'이라는 단어만 보아도 모든 사고 작용이 정지되어 눈에 보이는 것을 머리로 읽지 못하는 지경에 이르렀습니다.

이런 살벌한 분위기는 수학 학습에 가장 안 좋습니다. 우리는 이런 상황을 연출하지 않도록 스스로 경계심을 가져야 합니다. 아이의 수학혐오와 수학불안은 이러한 환경에서 생겨 계속 커질 수 있습니다.

아이가 수학을 좋아하고 잘하게 되는 방법을 좀 알려달라는 분들도 종종 있습니다. 그런 방법이 별도로 존재하는 것은 아닙니다. 수학을 좋아하는 감정은 아이 스스로 느끼는 것이고, 수학을 잘하는 방법은 아이가 깨치는 것이라서 어른이 외부에서 아이 안에 집어넣어 줄 수가 없습니다. 그런데 수학을 싫어하게 하거나 정떨어지게 하는 방법은 분명히 존재하는 것 같습니다. 수학 점수로 아이들끼리 비교하거나, 비난하거나, 수학 못 하면 큰일 난다는 말을 자주 하는 것입니다. 그것이야말로 수학에서 멀어지게 하는 지름길입니다.

아이가 마음 편하게 수학을 대할 수 있도록 "수학은 대수롭지 않은 과목!"이라고 말해주세요. 물론 수학을 무시하는 식으로 말하면 안 되고, 찡긋 웃으면서 말해주는 게 좋습니다.

아이가 수학에 대해 거부감이 생긴 상태라면, 제발 수학 공부를 했으면 하는 생각이 솟아나도, 부모 입에서 먼저 수학 얘기를 꺼내지 않는 게 좋겠습니다. 부모의 의도는 아이를 긴장시켜서 수학 공부를 하게 하려는 것이지만 그건 옛날 방식입니다. 부모의 조바심이 아이를 긴장시켜서 수학을 더 열심히 하게 하는 게 아니라, 오히려 학습 의욕을 상실하게 만들 수 있다는 것을 꼭 기억합시다.

4
짜증 내는 부모?

분명히 설명을 차근차근 잘해주었는데, 아이가 비슷한 문제를 또 틀립니다. 이럴 때는 그럴 수도 있다고 생각하고 차분히 다시 설명해야 할 텐데, 답답해서 화가 납니다. 화를 참지 못하고 아이에게 짜증을 내기도 합니다.

설명을 들은 것만으로 모든 문제를 풀 수 있다면, 그 아이는 비범한 아이일 것입니다. 척 보고 척 아는 아이들보다는 틀리면서 새롭게 알아가는 아이들이 훨씬 더 많습니다. 안타깝게도 많은 부모가 자녀들에게 비범함을 기대하고 있습니다.

채점하는 것을 수학교육에서는 '평가한다'라고 합니다. 평가는 학습의 마지막이 아닙니다. 채점을 통해 새롭게 배우는 것들도 있으니까요. 게다가 학교 시험도 아니고 가정에서 하는 채점의 목적은, 아직 잘 모르고 있는 것이 무엇인지 알아내는 것입니다. 채점하고 나서 아이에 대해 실망하지 마세요. 아이를 섣불리 평가하지 말고, 아이가 더 많이 배울 수 있도록 도와주어야 합니다.

채점하고 나서 틀린 문제를 설명할 때도, 부디 짜증 내지 말고 참으시길 바랍니다. 이때는 표정 관리를 잘해야 합니다. 때로는 무표정일 때도 있고, 웃을 때도 있지만, 화는 내지 마세요. "이렇게 해!"라는 명령조 말고 "한 번 해 보자."는 식의 권유형으로 아이와 대화하시기 바랍니다.

아이에게 "왜 이렇게 푼 거야?"라고 물어보는 상황을 한번 떠올려 보세요. 자신이 한 것을 되돌아보게 하려고 나름대로 상냥한 표정으로 물었는데, 아이는 취조를 당하는 기분이 될 수도 있습니다. 눈은 웃고 있어도 빨리 대답하지 않으면 곧 화를 낼 분위기라는 것을 아이들은 금세 눈치를 챕니다.

아이에게 짜증 내지 마세요. 학창 시절 수학 시간에 느꼈던 선생님의 짜증 어린 표정을 아직도 기억하는 분이라면,

더욱 아이에게 짜증을 내지 말아 주시기 바랍니다. 그 순간의 자신의 표정을 거울로 보는 것도 좋겠습니다.

5

소리 지르는 부모?

다른 과목보다 수학을 지도할 때 유독 큰소리가 납니다.

"13-8이 뭐니?"

"음…" (손가락을 센다.)

"계산할 때 절대로 손가락으로 하지 말라고 했지! 몇 번을 말해야 하니? 엉? 너 바보야? 넌 손가락이 없으면 한 자릿수 계산도 못하겠구나!"

아이에게 화내는 소리입니다. 성인들 중에도 수학 얘기만 나오면 표정이 굳어지고 얼굴이 빨개지는 분들이 있습니다. 아마도 수학에 대해 안 좋은 기억이 있어서겠지요.

수학을 싫어하게 된 계기나 이유가 수학이라는 과목 자

체의 특성 때문인 경우는 별로 없는 것 같습니다. '수학을 가르치는 사람'에 대한 안 좋은 기억과 그때 느꼈던 기분 때문이라는 연구 결과들도 많습니다. 수학은 아이를 괴롭히지 않고 오히려 희열을 주는데, 그런 수학을 아이들에게 가르치는 어른들이 아이가 수학에서 희열을 느끼기도 전에 수학에 대한 혐오감부터 길러준다는 것이지요.

아이가 수학을 좋아하게 하려면, 수학을 가르칠 때 화를 내면 안 됩니다. 화를 내면서까지 가정에서 수학을 지도하는 것은 누가 봐도 결코 바람직하지 않습니다. 아이가 문제를 틀렸거나 푸는 데 시간이 오래 걸렸거나 심지어 딴짓을 했더라도, '그럴 수 있지.'라는 마음으로 너그럽게 봐주시기 바랍니다.

수학 문제를 틀렸다고 해서 너무 나무라지는 마세요. 수학 문제를 하나 더 맞는 것과 수학 때문에 마음이 위축되는 것 중에서 지금 이 시기에 무엇이 더 중요할까요?

"우리 아이는 너무 태평해요."라면서 "단원평가에서 몇 개를 틀렸는데도 반성하는 자세가 전혀 아니에요."라고 아이의 태도가 황당하다는 분들도 있습니다. 어린아이들은 대체로 자신에게 너그럽습니다. 어린아이가 매사 스스로를 자책하는 것보다는 긍정적인 태도로 지내는 게 더 좋지 않을까요?

손가락셈에 대해서 덧붙이자면, 우리가 사용하는 숫자 시스템은 10진법입니다. 10진법은 손가락이 10개라는 데서 유래되었습니다. 즉, 계산할 때 손가락을 사용하는 건 지극히 자연스럽다는 것입니다. 만약 4, 5학년이 넘어가서까지 계속 손가락을 사용한다면, 지필 계산 연습을 좀 더 많이 하게 해 주시기 바랍니다. 계산 학습지를 단기에 몰아서 하는 것도 한 가지 방법입니다. 이에 대해서는 5장에서 다시 말씀드리겠습니다.

6
기다리지 못하는 부모?

"이 문제 답이 뭐야?"

"……"

"몰라? 시간을 줄 테니까 다시 잘 생각해 봐."

"……"

(3초 후) "아직도 몰라?? 아휴! 연필 이리 내."

어른에게는 3초도 많이 참고 기다린 시간이지만 아이에게는 짧습니다. 아이는 더 많은 시간이 필요합니다. 어린아이들은 집중력이 짧고 산만한 편이라 생각을 모을 때까지 시간이 필요합니다. 기다려주면, 점차 몰입하는 능력이 생깁니다. 다음과 같이 해 보는 건 어떨까요?

"이 문제 어떻게 풀까?"

"……"

"문제를 다시 잘 읽어봐~"

"(문제를 소리 내어 읽는다) 과자 10개가 있었습니다. 언니가 동생보다 2개를 더 가졌습니다. 동생은 몇 개를 가졌을까요?"

"어떻게 해야 할지 생각해 보렴."

"……"

(3분 후) "자, 여기 과자 10개를 그려서 한번 생각해 보자."

어떻게 3분이나 기다려주냐고 하실 분들도 있을 텐데, 처음에 이렇게 차분히 기다려주면 그동안 아이는 생각을 모으는 훈련을 할 수가 있습니다. 그래서 점차 빨라집니다.

아이가 그림을 그리는 것을 지켜보면, 어떤 아이는 동그라미도 하나하나 아주 천천히 그립니다. 장식을 하기도 합니다. 그래도 기다려주세요. 문제를 푸는 사람은 아이니까요.

부모의 조바심이 아이의 문제해결력을 떨어뜨리고 문제를 풀 의욕을 상실시킬 수도 있습니다. 부모인 나의 조급함이 아이에게 주는 영향을 생각해 보아야 합니다.

7
집중력 끊는 부모?

　아이가 어떤 일에 집중하는 모습을 보일 때는 가급적 흐름을 깨지 마세요. 그런데 아이가 집중하고 있는 이때를 그냥 지나치거나 끊어버리는 경우가 많습니다. 뭔가 골똘히(겉으로는 멍해 보이지만) 생각하고 있거나 한창 책 읽기에 빠져 있는 아이에게 "밥 먹어라." "가방 정리해라." 하면서 인위적으로 흐름을 끊어놓는 것입니다. 이런 일이 잦아지면 아이가 길게 생각하는 습관을 갖기 힘듭니다. 한번 흩어진 관심을 다시 모으지 못해서 점점 '끈기 없는 아이'가 되는 것이지요.

　집중력은 편안한 마음 상태에서 자랍니다.

집중력은 마음이 안정되었을 때 생기고, 다른 과목도 그렇겠지만 수학은 특히 집중력이 좋은 상태라야 잘 할 수 있습니다. 편안하면 집중이 잘 되고, 집중이 잘 되면 생각도 잘 되고 문제도 술술 잘 풀립니다. 반면 불안한 감정은 숫자를 조작하는 능력을 방해합니다. 마음이 조급하거나 불안한 상태에서는 숫자를 잘 못 보기도 하고 잘 못 쓰기도 한다는 것이지요.

아이의 관심에 타이밍을 맞추는 것도 효과적인 학습지도입니다. 아이가 수학을 하고 싶을 때 수학 공부를 하게 하고, 영어 공부를 하고 싶을 때 영어 공부를 하게 하는 것입니다. 그런데 가정에서 시간표를 짜놓고, 아이가 막 수학에 빠져 들어있는데 "이제 영어 할 시간이야."라는 분들이 있습니다. 그야말로 분위기를 깨는 것이지요. 영어책에 빠져서 한창 읽고 있는데, "수학 문제집 펴."라면서 읽기를 그만두게 하는 것입니다. 시간표를 바꾸면 될 텐데 말입니다.

내 아이의 관심을 잘 파악하는 게 중요합니다. 아이가 지금 무엇에 관심이 있는지를 잘 살펴보고, 아이가 지금 뭔가에 집중하고 있으면 계속하게 두세요. 그러면 집중력도 자연스럽게 자랍니다. 특별히 애쓰지 않아도 공부에 빠져들게 되지요.

단지 오늘의 학습 분량을 맞추려고 컨디션이 안 좋은 아이를 붙들고 억지로 시키지 마세요. 다른 날, 편안하고 안정된 기분으로 풀게 해 주세요. 그래야 학습 효과가 가장 좋습니다. 개념과 원리에 맞게 정확히 잘 설명해주는 것보다 더 중요한 것은, 긍정적이고 편안하고 집중할 수 있는 분위기입니다.

8

아이 마음 모른 체하는 부모?

7살 아이와 엄마의 대화 장면입니다.

수학 놀이를 마친 엄마가 아이에게 물었습니다.

"○○아, 우리 다음에 또 할까?"

"근데요, 어제 축구는 어느 나라가 이겼어요?"

아이는 엄마 물음에는 대답하지 않고 딴소리를 합니다. 엄마는 아이를 똑바로 쳐다보고 부드럽지만 단호한 목소리로 묻습니다.

"○○이가 아직 내 말에 대답 안 했거든?"

그제야 아이가 고개를 끄덕입니다.

"다음에 이 놀이 또 할 거라는 거지?"

확인을 하듯 엄마가 다시 묻습니다. 아이가 밝은 표정으로 대답합니다. "네!" 그리고는 곧장 쪼르르 책장 앞으로 가서 책을 꺼내 읽습니다.

아이의 생각을 들여다볼까요? 엄마가 다음에 또 수학 놀이를 하자고 했을 때 아이는 이미 대답을 했습니다. 딴소리를 한다는 것은, 대답하기 싫다는 의사 표현이었으니까요. 직접 말로 싫다 소리를 못 하고 대신 딴소리를 해서 자기 생각을 표현했는데, 엄마는 굳이 말로 대답하라고 합니다. 그리고는 책을 들었습니다. 책을 읽고 있으면 엄마가 더 이상 방해하지 않는다는 것을 알고 있기 때문이지요.

엄마의 생각을 들여다볼까요? 엄마는 아이가 왜 대답을 바로 안 했는지 의아하면서, 약간 마음이 상했습니다. 그리고 어른 말에 대답을 안 하는 태도는 좋지 않은 것이므로 제때 가르쳐야 한다고 생각해서 "아직 엄마 말에 대답 안 했다."며 아이를 지적했습니다. 아이가 다음에 또 하겠다고 하니까 안심이 됩니다. 나의 수고가 아이의 학습에 도움이 되는 것 같아 뿌듯한 마음도 들고, 곧장 책을 읽으러 달려가는 7살짜리 꼬마가 기특하기만 합니다.

엄마는 아이 생각을 읽지 못했고, 아이는 부모에게 솔직하지 못했습니다. 엄마는 결국 원하는 대답을 얻었지만, 앞으로 이런 식의 소통이 계속되는 게 좋을까요?

아이가 자기 생각을 솔직히 드러내는 것에 부담을 느끼거나 불편해하지 않도록 편안하게 대해야 합니다. 그래야 아이가 자기 생각에 솔직해질 수 있습니다.

아이가 푸는 것이 '수학' 문제라면, 부모나 교사가 풀어야 하는 것은 '아이'라는 문제입니다. 아이가 수학 문제를 술술 풀어내는 것처럼 어떻게 해야 아이와 관련된 사안들을 부드럽고 원활하게 해결할 수 있을까를 고민하고 해답을 찾아가는 것이 우리 어른들에게 주어진 '문제'입니다.

아이의 표현이 뜻하는 것이 무엇인지 잘 생각하는 것이 '수학 가르치기'라는 문제에서도 해결의 첫걸음입니다.

9
아이를 못 믿는 부모?

어느 날 6학년 아이의 부모가 한 말입니다.

"우리 아이는 노는 걸 엄청 좋아해요. 게다가 친구도 많아서 매일 친구들이 불러내니까 집에 있을 시간이 없어요. 학원에라도 보내지 않으면 공부를 절대 안 한다니까요."

"학원을 여러 군데 보내지 마시고, 집중해서 한두 군데만 보내시는 게 훨씬 나을 것 같은데요. 아이에게 책임감을 좀 넘겨주셔서, 스스로 선택하게 해 주세요."

"저도 그러고 싶죠. 하지만 우리 아이는 그렇게 하면 안 되는 아이예요. 아이한테 선택권을 주면 학원 하나도 안 다니고 실컷 놀겠다고만 할 게 뻔해요. 그럼 어떡해요? 그러면 안 되잖아요?"

저는 '그러면 왜 안 되죠?'라고 반문하고 싶었습니다.

"우리 아이는 말을 하고 지키지는 않는다."는 분들도 있습니다. 어린아이라서 그렇습니다.

아이를 지도하는 방법적 기술보다 더 중요한 것은 '아이를 믿는 마음'입니다. 아이를 믿지 못하는 마음 때문에 아이를 닦달하게 됩니다. 어떻게든 하게 하려고 밀어붙이는 것보다는, 아이를 믿어주고 아이 스스로 생각하고 판단할 수 있는 틈을 주는 게 오히려 좋은 결과를 가져옵니다. 자녀가 도저히 믿음을 주지 못한다면? 그 원인이 어디에 있는지 곰곰이 생각해봐야 할 것입니다. 우리의 아이들은 우리 손에서 자라지 않았습니까.

생각하는 습관을 가진 아이가 수학을 잘하는 것처럼, 부모가 내 아이를 믿으면 결국 아이도 잘하게 됩니다. 믿기지 않더라도, 아이를 믿으려고 노력합시다.

10
자신감 떨어뜨리는 부모?

7세 아이의 부모가 제게 조언을 구했습니다.

"사고력 수학과 계산 문제집을 일주일에 3~4회 풀게 하고 있는데 좀처럼 속도가 늘지 않아요. 물론 계산을 잘한다고 해서 수학을 잘하는 것은 아니겠지만, 초등수학에서 헤매지 않도록 수학 자신감을 심어주고 싶은데, 어떻게 해야 할지 모르겠어요."

7세 아이에게 이렇게 많은 학습을 시킨다는 것은 부모가 초조해하고 있음을 보여줍니다. "계산 속도는 수학 실력과 관련이 있고, 수학 실력은 수학 자신감과 관련이 있다."고 믿는 분 같았습니다. 이것저것 많이 시켜서 아이에게 자신감을 심어주려는 것은 아이를 믿지 못하는 것이고, 자기 아이에 대해 자신감이 없는 것입니다. 부모의 이런 태도는 아이의 자신감을 떨어뜨립니다.

아이의 자신감을 수학 점수와 비례해서 생각하면, 늘 초조할 수밖에 없습니다. 점수가 좋아야 자신감이 높아진다면, 점수가 조금이라도 떨어지면 자신감도 덩달아 떨어지겠지요.

부모가 초조한 이유는 다른 아이들과 자기 아이를 비교하기 때문입니다. 비교당하는 아이가 자신감을 갖기는 힘들지 않을까요? 어린아이에게 100점은 부모를 기쁘게 하는 점수일 뿐입니다. 부모가 자랑스러워하니까 자랑스러운 기분이 드는 것이지, 100점 그 자체가 자신감을 주는 것은 아닙니다.

다른 과목도 그렇지만 수학에서는 특히 자기 자신에게 주는 암시의 역할이 큽니다. "그것도 못 하니?" 이렇게 아이를 무시하는 말은 자신감을 급격히 떨어뜨립니다. 자신감이 부족한 아이는 끊임없이 스스로를 의심합니다. 자기가 이 개념을 아는지 모르는지조차 확신이 없습니다.

아이에게 필요한 자신감은 다른 사람이 자신을 알고, 지지해 주고, 소중히 아껴준다고 느낄 때 생겨나는 그런 자신감이다.

– 베셀 반 데어 콜크Bessel van der Kolk

자신감은 심어주는 게 아니라 아이가 스스로 느끼는 것입니다. 자기 아이에게 자신감이 있는 부모는 다른 아이들과 비교하지 않고 아이를 있는 그대로 받아들이고 믿습니다. 그게 자신감이죠. 아이도 그걸 느낍니다. 스스로 인정받고 있다고 느끼고 자신에 대한 자신감이 있는 아이는 새로운 수학적 개념을 배울 때에도 어렵겠다거나 불필요하다는 편견 없이 그 자체를 있는 그대로 받아들이는 경향이 있습니다. 있는 그대로를 있는 그대로 받아들이는 태도도 수학 학습을 통해 길러집니다.

11

자발성 떨어뜨리는 부모?

스승이 매사에 완벽하면 스승을 뛰어넘는 제자가 나오기 힘들겠지요. 마찬가지로 부모가 생활면에서 너무 완벽하면 아이는 그것을 뛰어넘기 힘듭니다. 아이의 모든 걸 간섭해서 사사건건 허락받도록 길들여 놓고 나서, 어느 날 아이에게 "왜 그렇게 자발적이지가 않냐?"고 야단치는 분들이 있습니다. 아이는 자발적으로 움직일 수 있는 기회를 갖지 못하고 항상 부모 밑에서 보살핌을 구하기만 했을 테니, 아이가 얼마나 억울하겠어요.

한동안은 마구 시키다가, 어느 날 갑자기 손을 놓아버리는 부모들도 있습니다. 처음부터 아이들이 스스로 하게 하면 좋았을 텐데, 어려서는 잡고 흔들다가 어느 날부터 부모 스스로 포기한 것입니다. 옴짝달싹 못 하게 잔뜩 움켜쥐고 있다가 부모가 제풀에 지쳐 탁 놓아버리면, 아이들은 어찌할 줄 모르게 됩니다. 부모가 지쳐 손(마음과 정성)을 놓으면, 아이들은 갈 데가 없어요.

스스로 하는 자발성은 참 귀하고 중요한 능력입니다. 자발성을 키우는 것은 "네가 스스로 하려는 노력을 좀 해라!" 하고 야단치는 것이 아니라, 평소 생활에서 작은 일부터 아이가 결정하도록 놔두는 것에서 시작합니다. 일찍부터 부모의 손에서 벗어난 아이들은 부모가 약간 지쳐도 자율적으로 잘해나갑니다.

12

수학 영재에 집착하는 부모?

강연을 가면 영재교육에 대한 질문을 많이 받습니다.

"우리 아이가 무슨 교육청 영재반에 들어갔는데요." 또는 "어느 대학교 부설 영재원에 다니는데요." 하면서 앞으로 어떻게 하면 좋겠느냐고 제게 묻습니다.

전 국민의 학력이 점점 높아지니까, 자녀들은 당연히 모두 똑똑해야 할 것입니다. 잠재적 영재들을 키우고 있다고 생각하니까 당연히 영재교육에 관심이 쏠리겠지요. 세상이 이런 분위기라면, 똑똑하지 않은 게 비정상처럼 여겨지기도 할 것 같습니다.

상위 1, 2퍼센트 안에 드는 아이들이 영재라면, 98퍼센트 이상의 아이들은 영재가 아니라는 말이 됩니다. 우리 아이들은 각자가 특별한 존재이지만, 학습에 있어 모두 다 영재는 아니며, 그래야 할 필요도 없습니다. 아이가 수학 영재가 아니라는 것에 실망할 필요도 없습니다.

다른 집 아이가 영재 수업을 받는 것에 너무 스트레스받지 마세요. 그런 아이와 비교해서 내 아이를 부끄럽게 여기거나 미워하는 마음을 갖는 것이야말로 부모로서 자기 아이에게 진정으로 미안해할 일입니다.

13
내 아이를 사랑하는 부모!

수학을 잘하게 하기 위해 부모가 해야 할 가장 큰 일은, 아이를 사랑해 주는 것입니다. 너무 교과서 같은 말이지만, 이게 진리입니다. 수학 문제를 제대로 설명하기, 원리를 제대로 알게 가르치기는 사실 부모가 꼭 해야 하는 일은 아니지요.

학습은 설명을 듣는 동안만 일어나는 것이 아니라 문제를 푸는 행위, 채점하는 행위, 설명을 듣는 행위들 속에서 자연스럽게 이루어집니다. 아이를 사랑의 눈으로 지긋이 지켜봐 주세요. 어떤 문제집으로 해야 하나, 그런 고민보다는 아이와의 긍정적 상호관계, 학습 분위기를 더 중요하게 생각해 주시기 바랍니다.

부모는 아이를 사랑하고, 아이는 자기 자신을 사랑해야 합니다. 아이에게 말할 때 의식적으로 따뜻하게 말을 건네세요. "우리는 너를 항상 자랑스럽게 생각한다."는 메시지를 자주 전해주는 것도 수학교육에서 중요합니다. 언제나 나를 지지해 주는 내 편이 있다는 믿음은 아주 어려운 일도 해 나갈 힘을 줍니다.

3장

내 아이에게 수학을
가르친다는 것 2

우리 아이는 어떤 유형일까?

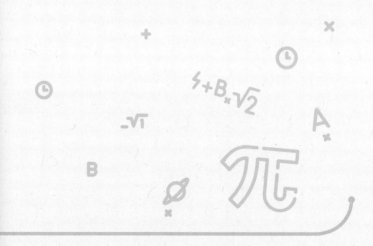

1
네 가지 유형

"이렇게 하면 나중에도 잘하겠지요?"

이런 질문을 자주 받습니다. 하지만 그건 누구도 알 수 없습니다. 어렸을 때부터 똑똑하기로 소문이 났었는데 커서도 뭐든 잘하는 아이가 있고, 어렸을 때는 똑똑한 줄 알았는데 커가면서 주위 사람들을 실망시키는 아이가 있습니다. 또 어렸을 때는 공부를 별로 안 해서 걱정을 많이 했는데 커가면서 점점 잘하는 아이도 있고, 어렸을 때도 공부에 관심이 없더니 커가면서도 줄곧 공부에는 영영 관심이 없는 아이들도 있지요. 그러고 보면 어렸을 때 잘했다고 반드시 커서도 잘한다는 보장도 없고, 또 어렸을 때 많이 놀면 커서는 잘한다는 보장도 없습니다.

다 큰 아이들을 분류하면 다음 4가지 유형이 나옵니다.

1) 어렸을 때부터 계속 수학을 잘한 아이

D를 처음 알게 된 것은 이 아이가 초등학교 6학년 때였습니다. 그 당시 듣기로는 초등학교 내내 공부 잘하기로 소문이 자자했다더군요. 초등학교 6학년까지의 성적은 아이 성적이 아니라 부모 성적이라는 말이 있듯이 이 아이가 앞으로도 계속 잘할 수 있을지는 당시로서는 미지수였습니다. 그렇게 잘한다고 했던 많은 아이 중에는 중학교에 올라가 수학을 점점 어려워하게 되고 성적이 계속 떨어져, 결국에는 초등학교 성적이 평생 제일 우수한 성적인 경우도 많으니까요.

결론부터 말하면 이 아이는 중학교에서도 초등학교 때만큼 잘해서 과학고에 진학했습니다. 과학고에서도 우수한 성적을 냈고, 미국 아이비리그에서 장학금을 받으며 공부를 했습니다.

어떻게 해서 그렇게 될 수 있었는지 궁금해서 그 어머님께 여쭤보았습니다.

"저는 아이 공부를 선생님들에게만 맡기지 않고 공부하

는 것을 계속 지켜보는 편이었어요. 저희 애가 아주 어렸을 때부터 그랬지요. 예를 들어 학습지 선생님께서 채점을 하러 오실 때는 지난 일주일 동안의 학습에 대해 간단한 메모를 해서 드리고, 또 아이에 대한 정보도 선생님께 자주 드렸어요. 그 학습지 교사가 저의 정성에 감탄해 메모한 것을 코팅해서 들고 다녔다고 하시더군요.

제 주변에 보면 직업을 갖고 있지 않은데도 학습지 선생님이 오시는 시각에 집에 자주 안 계시는 부모들이 있던데, 전업주부라면 최소한 그 시간에 꼭 집에 있어야 한다고 생각해요. 과외선생님을 구하거나 어떤 학습지를 할까 선택하기 위한 정보를 얻는 데는 많은 시간을 투자하면서 정작 부모는 아이 공부에 신경을 안 쓰면 안 되지요. 저는 아이가 학원을 다니든, 과외를 하든, 학습지를 하든, 학교만 다니든 간에 아이와의 유대관계, 그리고 아이 공부에 관심을 갖는 태도가 무엇보다 중요하다고 생각합니다."

어머니가 자신의 교육관을 일관되고 꾸준하게 실천한 것이 아이가 편안한 마음으로 공부를 잘하는 데 큰 도움이 된 것으로 보입니다.

K라는 남학생을 알게 된 것은 이 아이가 고등학생일 때였습니다. 남학생치고는 태도가 바르다고 소문난 아이였

어요. 그런데 이 아이가 고3 때 아버님이 일본 지사로 발령이 났습니다. 아무리 착실한 아이라도 남학생은 남학생이니 부모가 챙겨주어야 할 것도 많고, 게다가 고3이니 당연히 엄마가 아들 옆에 남아 있을 것이라고 생각했습니다.

그런데 "내 아들이 스스로 잘할 것으로 믿는다."면서 아이를 국내에 두고 가족 모두 일본으로 가시더군요. 한편으로 생각하면 외국에 아이 혼자 유학을 보낸 것과 다를 바가 없긴 했지만, 한국에 고3 아이를 두고 나머지 가족이 외국으로 가는 것이 흔한 일은 아니지요. 착실한 이 남학생은 어떻게 되었을까요? 혼자 남게 되었으니 방황하고 제멋대로 생활했을까요?

아이는 평소와 마찬가지로 부모의 도움 없이 스스로 모든 것을 알아서 했습니다. (그리고 지금은 국립대학교 교수가 되었습니다) 아들의 중요한 시기에 어떻게 그런 과감한 결정을 하셨냐고 그 어머님께 여쭈었는데, 이렇게 대답하시더군요.

"아유~ 고3은 엄마가 뒷바라지할 게 없어요."

자녀의 고3을 지내본 부모라면 딱히 뒷바라지할 게 별로 없다는 것에 공감을 할 것입니다. 막상 고3이 되면 학원에 데리고 다닐 일도 별로 없어서, 고2 때보다 부모가 해 줄 게 없습니다. 당시 대학교에 다니는 큰아이가 있어서 이미

고3 학부모 경험이 있던 터라 이 사실을 알고 계셨던 것 같습니다. 부모의 이런 여유로운 태도가 고3 아이가 큰 동요 없이 평소처럼 생활하는 데 도움이 된 것 같습니다.

2) 어렸을 때보다 잘하게 된 아이

E는 어렸을 때는 거의 수학 공부를 하지 않았다고 합니다. 반복하는 것을 특히 싫어해서, 초등학교 저학년 때 학습지를 한 6개월 정도 한 게 수학 과외의 전부였다네요. 5학년이 되기 전까지 제대로 책상에 앉아서 '공부'를 한 적이 없답니다. 그런 아들에 대해 별다른 대응을 안 하고 그냥 내버려 두는 부모를 주변에서 오히려 더 많은 걱정을 했습니다.

"무슨 배짱으로 내버려 두셨어요?"

"아이가 원체 공부하는 것을 싫어했어요. 그렇지만 만들기 같은 것은 시키지 않아도 책이나 재료를 사서 혼자 해보곤 했고, 동화책은 안 읽어도 과학책이나 수학에 관한 책은 아이가 먼저 사서 읽는 편이었어요. 평소에 말하는 것을 보면 꽤 논리적이었기 때문에, 그것도 수학의 중요한 부분이니까 나중에 수학을 못 할 거라는 생각은 안 들더군요. 그래서 느긋하게 그냥 내 버려뒀어요."

주변의 걱정하는 소리까지 들으며 그냥 그렇게 내버려
둔 아이가 초등학교 5학년이 되자 슬슬 공부에 관심을 갖
기 시작했다고 합니다. 철이 든 것처럼 말이죠. 어려서부터
공부하는 습관이 돼 있지 않아서인지 공부에 관심을 갖고
나서도 막상 책상에 오래 앉아 있지는 못했지요. 그런데
학년이 올라가면서 점점 학습 태도가 좋아졌답니다.

이처럼 고등학교 1학년까지도 성적이 중간 정도였는데,
나중에 열심히 공부해서 성적이 향상된 아이들도 많습니
다. 특히 커가면서 수학을 잘하게 된 아이들은 집중력이
좋은 경우가 많습니다. 욕심도 많고 지기 싫어하는 성격인
경우가 많은데, 욕심을 남에 대한 시기심을 키우는 쪽이
아니라 자기 자신의 발전력을 추진시키는 쪽으로 승화시
켜 결국 자신의 실력을 높인 것입니다.

3) 어렸을 때보다 못하게 된 아이

F는 초등학교 때부터 수학 잘하기로 소문이 났고, 중학
교 때는 수학 경시대회에도 나간 아이입니다. 하지만 수학
성적은 중3 때부터 계속 떨어졌습니다. F는 문제를 다 읽
지도 않고 푸는 습관이 있었습니다. 아무리 고치려 해도
조급하게 서두르는 그 습관은 잘 고쳐지지 않았고, 결국

재수를 했는데, 원하는 대학에는 들어가지 못했습니다.

"어렸을 땐 수학에 꽤 소질이 있는 것 같았는데…"라며 그 어머니는 안타까워했습니다.

이런 경우는 실제로 가장 흔합니다. 초등학교 때나 중학교 저학년 때까지만 해도 수학 과목의 성적이 좋으니까 수학을 잘하는 줄 알았는데, 고등학교에 가면서부터 스스로 자신감도 잃고 성적도 점점 떨어진 경우입니다.

유아들 중에는 수학에 자질이 있어 보여서 부모를 흥분시키는 아이들이 많습니다. 수 세기를 일찍 한다거나 패턴을 빨리 알아본다거나 퍼즐 등을 잘하는 아이는 동네에 신동으로 소문이 나기도 하지요. 이때 선행학습을 바싹 시켜서 수학에 대한 자신감과 실력을 확실히 높여가겠다는 부모들도 많이 보았습니다.

학원이 아니더라도 가정에서 문제집으로 공부하며 몇 학년씩 선행학습을 하는 아이들도 많습니다. 그중에 꾸준히 수학에 관심을 갖고 열심히 공부하는 아이들이 있습니다. 장래에 수학자를 꿈꾸는 아이들도 있고, 제일 잘하는 과목이 수학인 경우도 예전보다 많아졌습니다.

그러던 아이들이 초등학교 3, 4학년을 고비로, 중학교 2학년을 고비로, 고등학교 2학년을 고비로 수학에 대한 자신감을 잃거나 수학에 대한 거부감을 갖는 경우 역시 매우 많습니다. 중학교 때까지 수학에 대해 자신감을 갖고 지내던 아이들 중 많은 아이가 고등학교에 올라가, 특히 2학년이 될 무렵 수학에 대해 초조해하고 성적도 별로 신통치 않게 되는 것은 왜일까요?

아이가 사실은 수학을 잘한 것이 아니라 잘하는 것처럼 보인 것일 수도 있습니다. 계속 잘할 수 있었는데, 중간에 어른들이 지도 방법을 잘못 선택하고 학습 방법을 엉뚱한 걸 권해서 결과가 안 좋게 되었을 수도 있겠지요.

4) 어려서도 수학을 못 하더니 커서도 못 하는 아이

G라는 학생은 수학이라면 지긋지긋해합니다. 그 학생이 수학을 싫어하는 것은 거의 고질적인 것이었습니다. 수학을 싫어하게 된 것이 언제부터냐고 물으면 서슴없이 "맨 처음부터!"라고 대답합니다.

아이는 성격이 차분하고 꼼꼼해서 학습지나 문제집을 잡으면 끝까지 풀긴 하는 편이었답니다. 고등학교에 들어가기 전까지 영어와 국어 학습지는 거의 10년간 쉬지 않고 계속했다고 합니다. 그런데 수학은 초등학교 때 한 2년 하다가 결국 때려치웠다고 해요. 그 이후로는 수학에 관한 한 거의 손을 놓았답니다. 아무리 쉬운 문제도 시험이면 긴장을 해서 속수무책이 되니 성적이 형편없을 수밖에 없지요.

학생의 머리가 나빠서일까요? 그렇지 않습니다. 맨 처음 수학을 대했을 때부터 수학을 '공부'로 대하면서 고통스러웠던 기억이 오래도록 없어지지 않아서 그렇습니다.

이런 아이들은 수학에 대해 편한 마음을 갖기가 힘들고, 심적 부담의 뿌리도 깊습니다. 첫 수학부터 수학에 대해 부담을 가지고 있었던 것이 해소되지 않아서, 고등학교에 올라가서는 더욱더 기피하는 과목이 된 것이지요.

이 네 가지 사례에서처럼, 어렸을 때는 수학 공부를 전혀 안 했는데도 커가면서 수학에 흥미를 갖는 아이도 있고, 어려서부터 커서까지 수학에 대한 강박관념을 해소하지 못하는 아이들이 있습니다.

저는 이 아이들 부모의 태도를 살펴보았습니다.

어려서도 싫어했고 커서는 더더욱 싫어하는 아이들의 경우는 그 부모도 그런 경향이 있었습니다. 자신이나 배우자가 수학을 잘하지 못했다고 하면서, 그것이 내 아이에게 내림 되는 게 아닐까? 걱정을 많이 합니다.

미국의 한 연구에 따르면, 사회경제적 지위가 낮은 지역의 교사들은 "유아 시기부터 수학을 집중적으로 가르쳐야 한다. 그렇지 않으면 따라잡기 힘들다. 아이가 수학에 흥미를 보이지 않더라고 어떻게든 수학 공부를 하게 해야 한다."고 믿고 있었다고 합니다. 불안감 때문에 아이에게 수학을 더 많이 시키는 것입니다.

반면, 중산층 지역 교사들은 "수학보다는 사회적 활동이 유아에게는 더 중요하다. 수학은 나중에 따라잡을 수 있을 것이다. 아이들이 흥미를 전혀 보이지 않을 때에는 억지로 수학 공부를 시키지 말고 다음에 하는 게 좋다."고 했다고 합니다.

제가 살펴본 바에 따르더라도, 아이가 어렸을 때 별로 걱정을 안 하고 은근한 믿음을 가지고 지켜봐 준 부모의 자녀는 '결국' 커가면서 그 믿음대로 수학에 대해 긍정적인 태도를 가지게 되더군요. E가 특히 그랬는데, 그 아이의 부모는 자신들이 학창 시절에 수학을 좋아했고 잘한다는 평가를 받은 기억이 있으므로, 아이에 대해서도 크게 걱정하지 않았습니다.

결국 수학 실력은 피로 유전되는 것이 아니라, 부모의 태도가 대물림되는 것 같습니다. 긍정적인 분위기에서 자라면서 긍정적인 자세로 공부하니까 실력도 향상될 수밖에 없다는 것이지요.

어린 자녀를 둔 부모가 종종 제게 "이렇게 하면, 나중에도 잘하게 될까요?"라고 묻는 분들이 있습니다.

우리 아이가 이중 어떤 아이로 자라게 될지는 아직 어느 누구도 모릅니다. 아직 안 자랐으니까요! 현재 아이들의 상태가 어떠하든, 그걸로 미래를 미리 단정할 수 없습니다.

지금 잘하고 못하고보다는, 앞으로 내 아이가 겪을 위기가 있을 텐데 그것을 극복할 수 있도록 지켜보고 도와주겠다는 다짐을 하는 게 더 실현 가능한 바람일 것입니다.

2

계산 실수가 많은 아이

계산을 빠르게 잘하기는 하는데 실수도 자주 하는 아이 때문에 걱정하는 부모도 많습니다. 제가 살펴본 이런 아이들 중에 6~7세 무렵 단순 계산 학습지를 1년 이상 한 경우가 많았습니다.

"혹시 취학 전에 계산 학습지를 시키셨나요?"라고 물으면 "어떻게 아셨어요?"라며 놀랍니다.

비슷한 문제가 반복적으로 나오는 학습지에 길들여지면, 푸는 데 시간이 오래 걸리는 문제가 답답하게 느껴지지요. 해결의 실마리를 찾을 때까지 시간이 걸리는 데 그걸 참지 못하는 태도가 생기는 것입니다. 즉각적이고 자동적으로 답을 내는 데 너무 길이 들어서, 순간적으로 판단이 서지 않는 문제를 보면 짜증이 나고 답답한 것이지요. 그래서 중간에 생각을 끊고 대충 답을 적습니다.

서둘러 끝내버리니까 오답이 많이 나옵니다. 그런데 틀린 문제를 곧 다시 풀어보면 또 정답이 나옵니다. 어쨌든 다시 정답을 구했으니 대수롭지 않게 그냥 넘어가 버립니다. 하지만 이런 부주의함은 습관이 될 수 있습니다. 잘 고쳐지지 않아서 애를 먹는 고학년들이 많으니 대수롭지 않게 넘길 일이 아닙니다.

이런 유형의 아이들은 대부분 좀 천천히 해도 될 문제를 너무 급하게 풉니다. 미리 풀어놓아야 직성이 풀리는 것인지 매우 다급하게 행동합니다. 주어진 시간을 꼭꼭 채우며 생각을 하고 나서 답을 내도 될 것을 뚝딱 답을 내고 나서 엉덩이를 들썩들썩하지요. 초등학교 때 단순 계산 문제를 재빠르게 해결하던 습성이 남아 있어서 중학생이 되어서도 문제 풀이가 길어지고 복잡해지면 길게 생각하기 힘들어하고 문제를 틀립니다. 다시 풀면 된다고 생각하고 아무렇지도 않습니다. 중학교부터는 점수가 중요해지니까 부모만 속이 타지요.

😊 이런 아이는 어찌해야 할까요?

우선, 문제를 빨리 해결해야 한다는 생각에서 벗어나도록 도와주셔야겠지요.

"빨리 푸는 것보다 정확하게 푸는 게 중요해."

"한 번에 정확하게 풀면 다시 풀지 않아도 된단다."

이렇게 말씀해 주세요. 학습지 풀 때도 여유를 갖고 해결하는 것이 중요하다고 말해주어서 아이가 조급한 마음을 덜어낼 수 있도록 도와주시는 게 좋습니다. 문제를 느리게 푸는 아이라면 시간을 재서 지난번에 걸린 시간과 이번에 걸린 시간을 비교하는 식으로 문제 푸는 데 걸리는 시간을 줄이는 데 신경을 쓰면 됩니다. 그런데 지금은 반대 경우입니다. 아이가 빨리빨리 푸느라 실수가 많을 때는 천천히 풀게 도와주세요.

다음으로, 문제를 정확히 푸는 것에 더 많은 점수를 주세요. 느리게 풀든 빠르게 풀든 잘 풀면 문제가 없습니다. 문제를 잘 해결한다는 것에는 제시간에 정확하게 푸는 능력도 포함됩니다.

"빨리빨리 푸는 게 습관이 되면 그 속도만큼 실수가 많아지고, 그럼 다시 풀어야 하니까 결국 네 손해야."

이렇게 이야기해 주어도 좋겠습니다. 얼마 후에 "왜 여전히 계산 실수가 많니?"라며 재촉하지는 말아주세요. 일단 한 번 습관이 되면, 이것을 다시 고치기까지는 그 몇 배의 시간이 걸립니다.

3

문제 푸는 데 너무 오래 걸리는 아이

　계산 속도가 매우 느린 중학생 아이가 있습니다. 문제 푸는 것을 가만히 지켜보니, 중간 과정을 생략하지 못하고 있었습니다. 예를 들어 소인수분해나 나눗셈 등의 단순 계산 문제를 풀 때도 불필요한 부분에 대한 생략이 거의 없고, 모든 과정을 일일이 다 쓰는 것이지요.

　반복적인 연습을 통해 그 계산의 절차가 파악되었을 법한데도, 계산과정이 자동화되지 못하고 모든 문제에 대해 무조건 처음부터 같은 과정을 되풀이하는 것이었습니다. 정작 계산 자체도 별로 정확하지가 않습니다. 푸는 과정은 알지만 시간이 부족해서 못 푼 문제도 있고, 잘못 푼 문제도 있기 때문에 수학 점수가 좋지 않을 수밖에 없었습니다.

😊 이런 아이는 어찌해야 할까요?

우선, 처음부터 매번 모든 과정을 다시 밟는 것이 비효율적이라는 것을 알게 해 주시기 바랍니다. 이때 중간 과정을 생략하는 것을 시범으로 보여주셔도 좋습니다. 계산과정을 일일이 다 쓴 것과 생략한 것 중에 어느 게 더 효율적인지 판단해 보게 하고, 다시 한 번 풀어보게 하세요. 생략할 줄 모르는 아이에게는 이런 과정을 통해 어떻게 하는 것이 생략하는 것인지를 느끼게 할 수 있습니다.

계산과정을 반복하는 것뿐 아니라, 비슷한 유형의 문제를 이어서 풀 때 바로 앞에서 했던 과정은 생략해도 되는데 생략하지 못하고 일일이 다 쓰는 경우가 있습니다. 이럴 때는 문제 풀이를 시작하기 전에 문제를 소리 내서 읽게 하세요. 그리고 "이 문제가 무엇을 묻는지를 요약해서 설명해 봐."라고 하세요. 그러면 대답을 하는 동안 머릿속으로 문제의 의미를 파악할 수 있게 됩니다. 문제의 의미를 파악하면 어떤 계산을 해야 하는지가 결정되기 때문에, 이런 습관을 가지면 똑같은 문제를 여러 번 풀면서 같은 방식으로 항상 되풀이해서 시간을 낭비하지 않게 됩니다.

풀이 과정을 한 줄씩 살펴보며 불필요한 과정을 찾아내서 지우게 하는 방법도 있습니다. 풀고 나서 답은 맞았지만 지나치게 시간이 많이 걸렸다면, 중간에 불필요한 과정까지 다 썼기 때문입니다. 풀이 과정을 돌아보며 어디서 생략해야 하는지를 찾아서 다시 풀게 하면 자연스럽게 깔끔한 답안이 만들어지면서 속도도 빨라집니다. 이런 학생이야말로 문제를 많이 풀어보아야 합니다.

"수학은 주어진 시간 안에 풀지 못하면 끝장이다."라며 시간 안에 푸는 훈련을 시키는 분들도 있습니다. 적어도 초등학교까지는 그럴 필요가 없는데도 마치 내일 수능을 보는 고3 수험생 대하듯 실전 연습을 시킵니다. 이런 초조한 마음으로 공부를 시키면 아이들도 초조해져서 오히려 속도가 더 느려집니다.

4

정답 구하기에 급급한 아이

> a > 0 때, − ax + a < 0를 풀어라.

중1 아이가 문제를 풀어서 정답이 나왔습니다. 어떻게
해서 답을 구했는지 궁금해서 물어보았습니다.

교사: 이 문제, 어떻게 생각해?

아이 : 음, x가 1보다 커요.(답을 묻는 줄 알고, 문제를 설명하
지 않고 무조건 답부터 말함)

교사: 그래? 왜?(그게 정답인지 아닌지를 말하지 않고 감정이 섞

이지 않은 목소리로 물음)

아이 : 왜냐면요, 아까 말씀하신 대로 하니까 그래요.(눈
치를 보며 얼렁뚱땅 대답함)

교사 : 아까? 무슨 말? 네가 어떻게 했는지 그림으로 한
번 보여줘 봐.

아이 : 그러니까요. 아까 말씀하신 대로 한 건데…. 틀렸
어요?

　　　(어떻게 풀었는지 설명하지는 않고 자기 답이 맞았는지에
　　　대해서만 관심을 보임)

교사 : 지금 네가 틀렸다 맞았다 말하는 게 아니고, 왜 그
렇게 생각했냐고 묻고 있는 거야.

아이 : 왜 그러냐면요. 음, 그러니까….(시간을 끌며 계속 말
을 더듬음)

(한참을 기다림)

아이 : 이건 a가 양수잖아요. 그래서 부등호가 안 바뀌
어요.

　　　(자신이 처음에 대답한 것과는 다른 엉뚱한 대답을 함)

교사 : 부등호를 안 바꾸었는데 왜 x가 1보다 커?

아이 : 아닌가? 이상하다. 아까 그렇게 나왔는데….(머리
만 긁적긁적)

이 아이처럼 자기 답에 대해서 다시 물으면 일단 틀렸나 보다고 생각해서 당황하는 경우가 많습니다. 답이 맞았으니 다시 안 물어보고 그냥 지나쳤다면 이 아이는 자기가 무슨 생각으로 답을 썼는지 자기 자신도 모르고 지나쳤겠지요. "왜 이렇게 썼니?" 하고 다시 물으면 황급히 답을 지우고, 왜 지우냐고 물으면 "제가 틀렸다는 말씀 아니세요? 그래서 다시 풀려고요." 하는 대답이 뒤따르곤 합니다.

"네가 틀렸는지 안 틀렸는지는 아직 잘 모르겠어. 지금 난 왜 그런 답을 썼냐고 물어본 거야."라고 하면 아이는 별 싱거운 사람 다 보겠다는 표정으로 쳐다봅니다. 아마도 맞은 문제는 넘어가고, 틀린 경우에만 지적을 받아서 그런 게 아닐까요? 반복된 경험으로 부모나 교사가 틀린 문제에만 집중한다는 것을 알게 된 아이는 자신이 맞게 푼 문제에 대해서 다시 점검하지 않는 경향이 있습니다.

😊 이런 아이는 어찌해야 할까요?

채점을 하면서 아이의 답이 틀렸으면 "틀렸다."고 그때 그때 말지 말고, 채점하기 전에 먼저 "왜 그렇게 풀었니?" 하고 물어주세요. 자기가 왜 그렇게 풀었는지에 대한 이유를 찾는 동안 아이가 자신의 실수를 깨닫게 됩니다. 중간에 어디서 틀렸는지도 알 수 있고 틀린 이유도 분석할 수 있습니다. 이게 습관이 되면 자기 스스로에게 '왜 이렇게 풀었지?' 하고 묻게 됩니다. 반성적 사고가 습관화되는 것이지요.

아이의 답이 맞았던 틀렸던 종종 "왜 그렇게 생각하는지"를 물어야 합니다. 풀이 과정은 옳지 않았는데 우연히도 용케 정답을 구하는 일이 잦아지면 대충 감으로 문제를 푸는 습관이 들 수 있습니다. 맞긴 했지만, 자신의 답에 대한 근거를 명확히 밝힐 수 없으면 자기 지식이 되지 못합니다. 지식이 아이 머릿속에 잠깐 머물다 가버릴 수도 있으므로, 근거를 대는 습관을 갖는 것이 좋습니다.

수학 문제에는 크게 두 가지 종류가 있습니다.

첫째, 얼마인지 구하세요.
둘째, 왜 그런지 이유를 설명하세요.

이 중에서 두 번째를 '증명하기'라고 합니다. 근거를 대서 이유를 설명하는 것입니다. 초등학교에서는 주로 답을 구하라는 문제가 많고, 증명은 중등 수학에서 나옵니다. 요즘 학교 수학에서는 증명 문제가 많지는 않지만, 우리가 수학을 통해 논리적 사고를 기른다고 할 때의 그 논리적 사고는 증명에서 길러지지요. 결과값이 얼마인지를 알아내는 것은 계산기가 더 잘할 것입니다. 인간은 인간이기 때문에 "왜"라는 질문을 하고 근거를 대려고 합니다.

5

처음 본 문제에 손을 못 대는 아이

H는 자기가 아는 것을 논리적으로 정리하는 것은 매우 잘했습니다. 그런데 처음 보는 문제는 손을 대지 못하는 단점이 있더군요. 남이 풀어놓은 것을 노트에 옮기고 그 속에서 나름대로 재구성은 잘했지만, 문제를 처음 볼 때 머릿속에 떠오르는 순간적인 첫 발상을 잡으려는 노력이 부족하기 때문에 실마리를 잡는 것이 어렵기만 한 것입니다.

요즘에는 문제 유형으로 연습하는 경우가 많다 보니, 쉬운 문제는 틀리고 어려운 문제는 잘 맞히는 경향이 생겼습니다. 문제가 어렵거나 쉽거나 상관없이 어디서 본 적이 있는 문제는 잘 푸는데, 아무리 쉬운 문제도 처음 본 문제는 틀리는 것입니다.

제가 아는 한 고교 수학교사는 이렇게 말했습니다.

"요즘에는 1번 문제를 틀리는 학생들이 많아졌어요. 1번 문제는 사실 점수를 주려고 쉽게 내는 편인데, 이렇게 쉬운 문제를 왜 틀리나? 싶고 어이가 없더라고요. 알고 보니, 너무 쉬운 문제라 문제집에 없었고, 그러니 풀어본 적이 없는 처음 본 문제라서 틀리는 것이었어요."

쉬운 문제에서 어려운 문제까지의 난도에 따른 정답률이 아니라, 문제집에 많이 나오는 문제라면 어려운 문제도 잘 풀고 많이 안 나오는 문제라면 다 틀린다는 것입니다. 이런 식이라면 체계적으로 실력이 쌓였다고 보기는 어렵지요.

😊 이런 아이는 어찌해야 할까요?

아이에게 "이와 비슷한 문제가 무엇인지를 떠올려 보라."고 해 주세요. 비슷한 문제를 떠올리는 것은 그 문제의 유형을 스스로 파악하게 하기 위함입니다. 스스로 분류를 할 수 있어야 처음 본 문제라도 이미 본 문제들과 순간적으로 비교하면서 해결의 실마리를 찾을 수 있습니다. 즉, 문제의 유형을 스스로 분류하는 연습을 하는 것입니다. (이

에 대해서는 5장에서 유형별 문제집에 대해 다룰 때 좀 더 자세히 말
씀드리겠습니다.)

　그리고 노트에 풀이를 쓰기 전에 왜 그런 결론이 나왔는
지 자신에게 먼저 설명하도록 합니다. 이런 연습은 문제
자체에 대해 생각하는 습관을 기르기 위함이지요. 그 문제
가 물어보는 게 무엇인가에 대해 깊이 생각하는 습관이 있
으면, 처음 본 문제라도 사실은 완전히 처음 본 문제는 아
니라는 것을 깨닫게 될 것입니다. 이미 알고 있는 문제와
연결하면 해결의 실마리를 찾을 수 있습니다. 이런 연습을
계속하면, 처음 보았다고 어렵게 느끼지는 않게 됩니다.

4장

수학 가르치기 실제 1

부모가 착각하는 수학에 대한 선입견 8가지

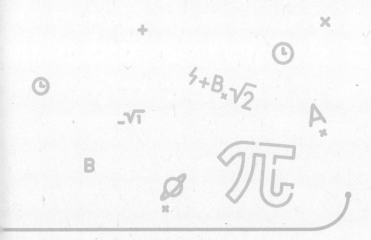

요즘의 학교 수학은 주어진 수학 지식을 머릿속에 집어넣는 수동적인 존재로 아이들을 바라보지 않습니다. '스스로 지식을 구성하는 존재'로 대합니다.

　수학 내용에 대해서도 하늘에서 뚝 떨어진 지식이 아니라 인류가 만든 지식으로 봅니다. 이에 따라 수업 시간에 다양한 활동을 하면서 지식을 만들어내는 과정을 재현하려고 합니다.

　하지만 부모들 중에는 수학을 '성적순으로 줄을 세우기 위한 과목'이라고 생각하는 분들이 여전히 많은 것 같습니다. 수학에 대해 어떤 인식을 가지고 있느냐에 따라 학습 방법이 결정됩니다. 아이들은 학교보다 먼저 가정에서 수학을 학습하고 있고, 그러는 동안 수학에 대한 부모의 선입견도 배웁니다.

　다음에 나오는 부모의 선입견 8가지 중에 내 생각도 있는지 살펴보시기 바랍니다.

1

수학은 반복 학습만이 능사다?

고등학교 2학년인 A는 전교 10등 정도의 성적을 유지하며 열심히 공부하는 아이입니다. 다만 다른 과목에 비해 수학 성적이 떨어지기 때문에(학교 시험에서 꼭 한두 개를 틀린답니다) "수학만 완벽하면 얼마나 좋을까?" 하는 것이 그 어머니의 바람이었습니다.

수학을 열심히 공부하는데도 학교 시험에서 꼭 몇 개를 틀리는 이유를 알아보기 위해 그 아이가 공부하는 것을 자세히 살펴보았습니다. 그 결과 '구체적인 상황은 이해하는데, 추상적인 상황에 와서는 상상력 부족으로 손을 대지 못한다.'는 것을 알게 되었습니다. 고등학교 수학은 그 이전과 달리 추상적인 개념들이 많아지는데, 아직도 그 아이는 적응이 잘 안 되고 있었던 것입니다.

그렇다면 당연히 지금보다 성적이 더 낮아야 하는데, 나름대로 우수한 성적을 유지하고 있다고 합니다. 비결이 무엇일까 궁금해지더군요.

"수학은 반복 아니겠어요? 수학 문제집 대여섯 권만 풀면 학교 시험이든 수능이든 다 거기서 거기니까 왜 백점을 못 맞겠어요? 그런데도 시험만 보면 꼭 한두 개씩 틀려요. 그러니까 결국 애가 공부를 안 했다는 얘기죠. 아이구, 속상해."

어머니의 말씀을 통해, 반복적으로 열심히 문제집을 푼 것이 바로 성적 유지의 비결이었다는 것을 알 수 있었습니다. 어머니 말씀으로는, 아이가 어려서부터 아무리 간단한 수학적 개념이라도 결코 한 번에 이해하는 일이 없어서 반복하도록 시켰다고 합니다.

그렇다면, 혹시 이 아이는 그동안 문제집을 너무 많이 푸는 게 습관이 되어 백점을 못 받는 게 아닐까요? 처음 본 문제를 그 자리에서 이해하고 풀어낸 경험이나 천천히 깊이 생각한 경험이 별로 없어서 그런 것은 아닐까요?

수학에 대해 처음으로 힘들게 느낀 것이 언제였냐고 A

에게 물어보았습니다. 그랬더니 A는 초등학교 3학년 때부터였고, 중학교 2학년 때에 특히 심했는데, '도형'과 '함수'가 나오는 단원을 배울 때였다고 합니다.

그래서 어떻게 고비를 넘겼냐고 물었습니다. 그랬더니 어머니는 아이가 시험을 잘 못 본 부분을 한 달 동안 과외를 시켰고, 그 부분만 완벽히(?) 알 때까지 반복시켰다고 합니다. 그러나 오히려 아이는 그때부터 도형과 함수만 나오면 거의 이해하지 못하고 헤맸다고 해요. 당시에는 극복한 것처럼 보였다는데 말입니다.

상황을 종합해 보면, 부모가 수학에 대해 '반복만이 능사!'라고 생각한다는 것, 자기 아이의 이해력이 떨어진다고 굳게 믿고 있는 것, 그리고 A는 수학 만점을 맞으려는 의지는 있지만, 수학 자체에는 별 관심이 없었다고 볼 수 있습니다.

A는 소위 암기과목들을 공부할 때처럼 수학도 외우려다 보니 수학 자체에 대한 흥미를 가질 기회가 없었던 것입니다. 따라서 고등학교 수학에서 한계에 도달할 수밖에 없었던 것이지요.

수학 문제를 반복해서 풀어보거나 많은 문제를 풀다 보

면, 수학에 대해 저절로 터득하게 된다는 의견도 있습니다. 그러나 그것은 '수학'이라는 학문에 대해 깊이 생각한 후에 얻은 결론이라기보다는 단지 '수학 시험'을 위한 수업으로 얻은 노하우에 불과합니다. '수학은 아이들을 선별하기 위한 과목이고, 시험만 잘 보면 된다.'고 믿는 분들이 이런 생각을 하는 것 같습니다. 수학이 그런 과목일까요?

반복 학습은 수학보다는 언어 학습에 더 적절한 방법입니다. 예외가 많고 관습에 의해 굳어진 문법을 익히려면 자꾸 사용하고 반복을 해야겠지요. 하지만 수학에는 예외가 별로 없습니다. 영어는 매일 단어를 외우면 사용할 수 있는 어휘가 점차 늘어나지만, 수학은 매일 푼다고 영어처럼 새롭게 아는 것이 늘어나는 것은 아닙니다. 어떤 원리를 한 번 깨우치면 굳이 반복할 필요가 없습니다. 이미 깨우쳤으니까요.

그런데 마치 영어 단어 외우듯 수학 문제를 푸는 아이들이 있습니다. 물론 풀다 보면 익숙해질 수는 있습니다. 하지만 하는 양만큼 수학 지식이 그에 정비례해서 늘어나지는 않습니다.

수학을 가르치는 어른들은 각종 유형의 문제를 다 풀게 하거나, 같은 문제를 반복해서 풀게 하는 등의 게으른 지도법에서 벗어나야 합니다. '어떻게 해야 수학의 어떤 원리를 아이가 스스로 깨우치게 할까?'를 훨씬 깊이 고민해야 합니다.

2

수학은 공식이 제일 중요하다?

수학을 이해하게 가르치려고 하는데 아이가 대뜸 묻습
니다.

"이 문제는 공식이 없어요? 아님 나중에 공식을 배우는
건가요?"

수학을 가르치고 배우는 데는 '공식'을 빼놓을 수 없지
요. 공식을 암기하지 않고는 문제를 제대로 풀 수가 없으
니까요.

'공부는 머릿속을 채우는 게 아니라 머리를 회전시키는
것이다.'라는 프랑스 격언이 있답니다. 단순히 수학 공식을
암기하고 응용하는 것은 머리를 '채우는' 행위에 지나지 않

겠지요. 머리를 회전시킨다는 건 어떻게 하는 것일까요?

예를 들어 넓이 공식을 아는 것은 머리를 '채우는' 것입니다. 도형을 변형시켜서 넓이를 쉽게 구할 수 있는 모양으로 바꾸는 것은 머리를 '회전'시키는 것입니다. 머리를 회전시키지 못하고 채우기만 한다면, 서로 다른 도형의 넓이 공식을 만들어 다 외우려고 하겠지요.

머리를 회전시키거나 말랑말랑 유연하게 하는 것이 진정한 수학 공부입니다. 수학은 불변의 사실들의 집합이 아니고 '생각하는 습관'이기 때문입니다. 부모가 지난날 배운 수학은 '수학적 지식을 쌓는 것'에 지나지 않았습니다. 공식만 달달 외우던 그 시절로 돌아갈 수는 없습니다. 왜냐하면 공부는 머리를 채우는 게 아니라 회전시키는 것이니까요.

3
수학은 답이 딱 1개다?

수학 문제 중에 '다음 중에서 10보다 큰 수를 모두 고르시오.'라는 문제가 있습니다. 만약 보기가 ①7 ②11 ③12 ④38 ⑤9라면 답은 '②, ③, ④'입니다. '모두' 고르라고 했기 때문에 3개를 전부 골라야 정답입니다. 그런데 아이가 ③과 ④만 골라놓고는 "맞긴 맞은 것 아니에요?"라고 주장한다면 어떨까요? 이럴 때 저는 이렇게 말합니다.

"삼 형제의 부모에게 '이 아이들 중에서 당신 아들을 모두 찾으시오.'라고 했어. 그런데 부모가 아들 둘만 찾고 남은 한 명을 찾지 못한 거야. 그러면 그 부모가 정상적인 부모일까? 이것도 마찬가지야. 네가 답을 모두 골라내지 않으면 자기 자식을 제대로 못 찾은 부모랑 같은 셈이야. 틀린 거지."

이렇게 말하면 아이들이 더 이상 우기지 않습니다.

'수학 문제에는 답이 항상 있다.'든지 '수학 문제의 답은 항상 1개이다.'라고 믿는 것은 옛날 생각입니다. 요즘 초등학교 수학 문제에는 여러 가지 답이 나올 수 있는 '열린 문제(open ended problem)'도 많습니다.

그런데 부모가 "수학은 답이 딱 한 개라서 좋다."는 말을 자주 했을 때 그 말을 늘 듣고 자란 아이는 답이 여러 개인 문제를 만났을 때 당황할 수 있습니다. 학년이 올라갈수록, 깊이가 있는 문제일수록 답이 1개가 아닌 경우가 많은데, 답이 여러 개인 문제를 '찜찜하다'면서 피하게 될 수도 있습니다.

풀이 과정을 쓰는 서술형 문제의 경우에는 당연히 답안이 여러 가지가 나옵니다. 풀이 과정이 다양하니까요. 그래서 해설서에는 '정답'이라고 하지 않고 '예시 답안'을 제시합니다. 수학에서는 답이 하나뿐이라고 생각하는 사람들은 이 예시 답안을 정답으로 생각합니다. 답이 1개라는 편견에서 벗어나지 못하는 것이지요. 토씨까지 완전히 똑같게 써야 정답이라면서 아이에게 예시 답안을 그대로 베껴 쓰고 외우라는 분들도 있을 것 같아 걱정입니다.

예시 답안은 그야말로 여러 답안 중 대표적인 것을 말합니다. 풀이 과정이나 증명 과정은 다양합니다. 관점에 따라 다른 답이 나올 수도 있습니다.

수학에서의 답은 1개만 있는 게 아니라는 것을 꼭 기억해 주세요.

4

수학은 완벽한 학문이다?

수학을 좋아하는 어린아이들 중에 "수학은 완벽해서 멋져요."라는 아이들이 있습니다. 학교 수학은 거의 대부분 잘 정리된 수학 내용들로 이루어져 있습니다. 그렇다 보니 학교 수학이 수학의 전부는 아님에도 불구하고, 수학 전체가 아주 완벽한 것처럼 보이게 됩니다.

수학의 역사를 조금만 살펴보면 이런 선입견이 깨집니다. 수학 개념의 발견이나 발생 과정은 깔끔하고 완벽한 것과는 거리가 멀고, 좌충우돌이며 우왕좌왕이었다는 것을 알게 됩니다.

가장 간단한 예로, 수학 기호도 세계적으로 아직 통일되지 않았습니다. 곱셈을 우리는 '2×3'과 같이 '×'기호를 쓰지만, 점을 사용해서 '2·3'과 같이 쓰는 나라들도 있습니다. 우리는 1만 원을 쓸 때 콤마(,)를 사용해서 '10,000'이라고 쓰지만, 점(.)을 사용해서 '10.000'이라고 쓰는 나라도 있습니다. 이렇게 단순한 기호도 아직 완벽하지 않은데, 수학이 완벽하다니요!

수학이 완벽하다는 것은 앞으로 우리가 할 일이 없다는 것을 뜻합니다. 이미 다 이루어졌으니까요. 따라서 수학을 완벽한 학문으로 생각하게 되면 수학에서 학습자가 할 일이라고는 이미 완벽하게 정리된 수학을 머릿속에 집어넣는 일뿐이겠구나 싶어집니다. "수학은 암기"라는 세간의 주장은 이런 편견에서 비롯된 것 같습니다.

수학의 역사를 공부하면 수학이 살아있음을 알게 됩니다. 수학은 인간 세상 저 위에 존재하는 영원불멸의 진리가 아니라는 것도 알게 됩니다. 수학은 지금도 변하고 있고 자라고 있습니다. "수학은 원래부터 완벽한 게 아니라, 스스로 완벽해지려고 노력하는 학문이야."라고 말해주시기 바랍니다.

5

문제 유형을 아는 게 제일 중요하다?

　문제를 유형별로 분류한 문제집들이 많이 나와 있습니다. 학교 시험에 나오거나 모의고사에 나오는 모든 유형을 죄다 모아놓은 것 같은 교재들도 있습니다. 이런 교재들을 보면 한창 중고등학생들을 가르치던 시절에 제가 한 시행착오가 떠오릅니다.

　당시 저는 각 단원의 수학 문제들을 샅샅이 분석해서 유형별로 분류를 한 다음 비슷한 문제들을 여러 개 만들어서 학생들에게 주고 반복해서 풀게 했습니다. '이렇게 물 샐틈 없이 문제를 풀게 하면 시험문제를 다 맞겠지?' 하는 기대를 했습니다. 그런데 아이들은 "못 보던 문제가 나와서 틀렸어요."라고 하는 게 아니겠어요? 이런 일이 생기는 원인이 무엇일까를 연구하다가 여러 단원의 문제들을 뒤섞어 놓고 단원별로 분류하게 하는 활동을 해 보게 했습니다. 그랬더니 거의 분류를 하지 못했습니다. 이를 통해, 유형별로 문제를 분류하는 행위 자체가 높은 수학적 사고를 요구하는 것이라는 것을 알았습니다.

유형별로 분류를 하는 작업 자체가 수학적 사고를 기르는 것입니다. 그런 고차원적이고 중요한 활동은 어른들이 다 하고, 분류가 끝난 문제들을 아이들에게 풀게만 한다면 수학적 사고를 기르기 어렵겠지요. 이 경험으로 '아이들 스스로 문제를 분류하게 해야 한다.'는 결론을 얻었습니다. 아이 스스로 문제를 유형별로 분류해 보게 하는 경험을 할 수 있게 하면 좋겠습니다.

"어렵고 복잡한 문제는 잘 맞추면서 오히려 쉬운 문제는 틀려와요. 대체 왜 그러는 걸까요?"라는 부모가 많습니다. 어려운 문제는 맞고 쉬운 문제는 틀리는 이유는, 앞에서 살펴본 바와 같이 유형 문제집에서 쉬운 문제들은 별로 다루지 않기 때문이라고 봅니다.

비슷한 문제를 많이 풀다 보면 문제를 제대로 안 읽는 습관이 들기도 합니다. 풀이 과정 항상 어딘가에서 꼭 틀리는 아이가 있어서 그 이유를 알기 위해 아이들을 자세히 봤습니다. 일단 문제를 풀고, 답이 틀렸으면 곧바로 해설을 봅니다. 그다음 이어지는 문제를 앞에서 본 방식과 똑같이 풉니다. 전혀 다른 문제인데 똑같은 방식으로 풀었으니 틀릴 수밖에요.

이런 아이들이 상당히 많습니다. 고등학교 3학년쯤 되면 모의고사와 같은 시험을 너무 자주 보는데, 그 덕에 나름대로 노하우를 익힌 아이들이 생깁니다. 문제 자체를 알고 푸는 게 아니라 풀이 유형에 대한 노하우로 해결하는 경우입니다.

"왜 문제를 제대로 안 읽을까요?" 하며 속상해하는 부모에게 이렇게 말해줍니다.

"미리 분류해 놓은 문제들을 너무 많이 풀어서 그렇습니다. 바로 앞에서 풀었던 방식과 비슷하게 풀면 되다 보니 나중에는 문제를 안 읽고도 풀 수가 있는 것입니다. 뻔하니까요. 이것이 습관이 된 게 아닐까요?"

모의고사뿐 아니라 계산 학습지도 그렇습니다. 비슷한 문제가 계속 나오니까 너무 뻔해서 읽지 않게 되고, 제대로 읽지 않는 습관이 들어 문제를 자꾸 틀리게 되는 것이지요.

그렇다면 어떻게 하면 좋을까요? 유형에 익숙해지지 않게 하는 게 좋을 것 같습니다.

우리 아이가 초등학교 1학년 때 문제집 푸는 것을 보니까, 학교 들어간 지 얼마 되지 않았는데도 그림만 보고도 답을 알더군요. 깜짝 놀라 그다음부터는 문제집에 길들여지지 않을 정도로 가끔씩만 문제집을 풀게 했습니다.

수학을 배움으로써 수학적 사고가 형성되고, 그것을 자기가 겪는 실제 문제 상황에도 적용하게 하려고 우리는 수학을 가르치고 배웁니다. 따라서 문제의 핵심을 파악하고 자신이 알고 있고 이미 경험한 것들을 종합해서 스스로 분류해 보는 경험을 하는 것이 더 중요합니다. 이런 경험을 쌓으며 자신의 삶에서 생기는 문제들을 해결해 가는 것이야말로 수학을 통해 익힌 태도와 방법을 삶에서 사용하는 것입니다.

삶에는 정해진 유형이 없습니다. 수학을 통해 배운 것을 살아가면서 사용해야 할 텐데, 유형만 익혀서 얻은 수학은 삶에서 무용지물입니다. 수학을 배운 것이 살아가는 데 유용해지려면, 유형에만 길들여지는 것보다는 새로운 것을 겁내지 않는 태도를 갖는 게 훨씬 좋습니다.

6

수학은 선행학습이 필수다?

'선행학습'이 지나치게(!) 유행하고 있습니다. 수학 학습에서 개념이 중요하다고 생각하는 저로서는 특히 초등교육이 선행 위주로 이루어진다는 것에 심각한 문제의식을 느낍니다. 전국적으로 대유행을 하며 점점 더 심해지는 이 상황이 너무나 안타깝습니다.

선행학습 효과가 기대만큼 좋았다면 수학을 포기하는 학생들이 지금처럼 많아지지는 않았겠지요. 미리 배운 지식으로 어려움 없이 잘 나아갔을 테니까요. 선행학습을 하면 학교 시험에서 뒤떨어지지 않을 것이라고 생각하는 분이 많은데, 실제로는 별로 그렇지 않습니다.

학생들을 몇 년간 계속 지켜보다 보면 학년이 올라가도 실력 면에서 제자리걸음을 하는 학생들이 꽤 많다는 것을 알게 됩니다. 미리 배우느라 고생은 남들의 두 배로 하고, 결국 결과는 비슷하게 된 것입니다.

선행학습을 한 아이의 경우는 대부분 그 내용을 완전히 파악하기가 힘듭니다. 요즘에는 이렇게 미리 배우는 아이들에게 어른이 개념 설명을 자세히 해 주지도 않습니다. 요약 설명을 스스로 읽고 문제를 풀게 한 다음 채점을 하면서 그때그때 설명해 주는 방식이 유행입니다. 아이 혼자 대충 읽고 문제를 풀게 한 다음에 틀린 것 위주로 설명을 하는 것이지요.

요즘 아이들은 요약 설명도 잘 읽지 않습니다. 어떤 개념이 자리 잡기 위해서는 '숙성되는' 시간이 꼭 필요한데, 그럴 여유가 없이 이래저래 계속 진도만 나가는 셈입니다.

정서적으로도 문제가 생깁니다. 아직 안 배운 내용을 아이 혼자 풀게 하면 문제를 틀리는 일이 많아집니다. 이해가 덜 된 상태에서 풀기 때문이지요. 틀린 게 많으면 누구든 기분이 썩 좋지는 않지요. 왜 군이 미리 배워야 하는지 그 이유를 납득하지 못한 아이는 문제를 틀렸어도 자기 잘못이 아니라고 생각합니다. 배우지 않아도 되는 걸 배우느라 틀린 것이니까, 누가 봐도 아이 탓은 분명 아닙니다.

예전에는 새로 배우는 개념 설명을 학교 선생님이 친절하게 해 주는 편이었다면, 요즘은 그런 일방적인 설명식으로 수업을 진행하지 않습니다. 아이들 스스로 깨치게 하려는 게 요즘 수학교육의 방향이기 때문입니다. 우리나라뿐 아니라 세계적인 수학교육 트렌드가 그렇습니다. 선행학습 때 단지 대충 용어만 알았을 경우 실제 학교 수업 시간에 그 진도를 나갈 때 잘 들으면 됩니다. 하지만 아이들로서는 이미 알고 있는(또는 그렇다고 착각하는) 내용에 집중하기가 힘들 것입니다. 들은풍월만 믿고 시시해하며 집중하지 않고 어영부영 지나가 버리게 됩니다. 교사 입장에서도 김빠지는 일이지요. 교과서에서는 새로운 개념이지만, 교실에 있는 이 아이들에게는 전혀 새로운 게 아니니까요. 선행학습을 통해서 미리 많이 배우고 한 발짝 앞서 나가는 아이들보다는 미리 배우기는 했지만, 앞서 나가지도 못하고 제대로 알지도 못하는 아이들이 훨씬 많은 게 현실 아닐까요.

새로운 개념을 받아들이는 데 시간이 걸리는 '느린 학습자'의 경우에는 어느 정도 미리 공부를 해 두는 게 좋습니다. 미리 배웠다는 안도감으로 수업에 대한 불안이 적어질 수 있으니까요. 이런 아이들은 미리 한번 배우고 가는 게 좋습니다. "학습 속도가 느린 데 언제 선행학습까지 할까요?" 하는 분들도 있을 텐데, 느린 학습자야말로 개별 학습을 하며 일부 단원이라도 미리 워밍업을 하고 가는 게 효과적입니다. 느리다고 복습만 하면 언제 따라잡나요?

이해가 빠른 편인 아이들에게 유독 선행학습을 많이 시키는 경향이 있는데, 그 아이들은 선행학습을 할 필요가 없을 것 같습니다. 이해가 빠르니까요!

어린아이들은 새로운 것에 대한 호기심이 많습니다. 지루함을 쉽게 느끼기도 합니다. 특히 새로운 내용도 즉각 이해하는 아이들에게 선행학습은 새로운 것에 대한 호기심을 사라지게 할 뿐입니다. 이미 알고 있는 내용은 본 수업에 대한 집중도를 떨어뜨립니다. 선행학습에 쏟은 정성과 노력에 비해 그 아이들의 수학 성적이 아주 높지는 않은 이유가 이 때문은 아닐까요?

여섯 살 때 매일 매일 덧셈 뺄셈 연습을 시키다가 아이가 수학을 싫어하게 만들었고, 수학 공부시키는 데 어려움을 겪었다는 한 초등학교 3학년 부모가 "그때는 그래야만 하는 줄 알았어요. 다른 말은 귀에 들어오지 않았어요."라고 했습니다.

제가 말했습니다.

"여섯 살에게 받아올림 덧셈은 선행학습이에요. 다들 하니까 그걸 꼭 시켜야 하는 줄 알았겠죠. 지금 고민하시는 것도 마찬가지예요. 중학교 선행학습을 안 시키면 뒤처지지 않을까 하는 불안한 마음은 여섯 살 아이의 부모가 지금 계산 연습을 안 시키면 학교 가서 뒤처질 것 같은 불안감이 드는 것과 똑같습니다."

미리 배워도 '잘'만 배우면 뛰어난 실력을 가질 수도 있겠지요. 선행학습이 성과를 보이는 경우는 미리 예습한 것에 대해 아이가 자신을 갖고 학기 중에 깊이 있게 공부하는 경우입니다. 미리 했다고 방심하게 생각하고 학교 수업에 집중하지 않고 진도만 나간다면, 선행학습은 속 빈 강정이 될 것입니다.

9살 아이에게
곱셈구구 외우기는 선행학습이다?

구구단을 꼭 외워야 하냐고 묻는 분들께 결론부터 말씀
드리면, '외워야 한다.'입니다. 구구단을 요즘에는 '곱셈구
구'라고 부르는데, 초등학교 2학년에 배웁니다. 따라서 초
등학교 2학년이 끝날 무렵까지는 9단까지 다 외워야 합
니다.

곱셈구구를 처음 외우는 나이는 아이마다 달라서, 다섯
살부터 곱셈구구를 외우기 시작했다는 아이도 있습니다.
언제 시작했건, 초등학교 2학년 마치기 전까지는 곱셈구구
를 외워야 합니다.

수학은 암기과목이 아니니까 초등학교 2학년 아이가 곱

셈구구도 외우지 말고 하나하나 생각해도 되지 않냐는 분들이 있는데, 그건 일곱 살 아이가 2와 3을 더하는 것을 일일이 세면서 하게 하는 것과 같다고 생각해 주시기 바랍니다. 다섯 살짜리 아이에게 "사과 2개와 사과 3개는 모두 몇 개일까?"라고 물으면 대개 손가락을 세거나 실제 사과를 하나씩 헤아리면서 천천히 답을 합니다. '모두'라는 말의 의미를 생각하면서 답을 찾아내는 중이지요. 처음에는 이렇게 더듬더듬 덧셈을 하는 아이는 점점 빠르게 대답을 합니다. 일곱 살이 되면 즉각 답을 말합니다. 점차 능숙해져서 묻자마자 곧바로 대답하게 되는 이유는, 이런 계산을 수없이 반복하면서 자동화가 되었기 때문입니다. 단순 암기가 아니라 이해가 깊어지면서 기억의 회상 과정이 단축된 것이고, 이렇게 하나의 지식이 '압축'되면 꺼내기가 쉽습니다. 계산 과정과 결과가 하나로 압축되어 저장되어 있으면 대답이 바로 나올뿐더러, 지식을 꺼내는 과정에서 에너지도 거의 쓰지 않습니다.

어떤 이가 "당신의 삶의 철학은 무엇입니까?"라고 물었을 경우와 비교해 볼까요? 평소 자기 삶에 대해 철학적으로 꾸준히 생각에 생각을 거듭한 사람이라면 금세 답을 하겠지요. 늘 생각하던 것이니까요. 하지만 평소 그런 생각을 안 해 보았거나 생각하다 말다 한 사람이라면 대답하는 데 시간이 걸립니다. 생각을 모으는 데 시간이 걸리기 때문입니다. 곱셈구구도 마찬가지입니다.

곱셈구구를 외우는 것이 다섯 살 아이에게는 선행학습이지만, 아홉 살 아이에게는 그렇지 않습니다. 지금 이 나이에 꼭 마스터해야 할 학습 내용입니다. 곱셈구구를 능숙하게 외우지 못하면 곱셈을 하기가 어렵고, 이후 학습이 매우 힘들어집니다.

이해가 잘 되면, 외우기도 잘 됩니다. 곱셈구구가 왜 그런 패턴으로 되어 있는지를 이해할 수 있는 놀이를 먼저 하고, 숫자가 보일 때마다 두 숫자 곱하기를 하다 보면 자연스럽게 다 외우게 됩니다. 다양한 곱셈구구 놀이는 초2 교과서에도 들어있습니다.

8

수학은 타고난 재능이다?

"수학 머리는 타고나는 거잖아요." 하는 말을 자주 듣습니다. 물론 모든 인간에게는 타고난 수학 머리가 있습니다. 그렇지 않다면 수를 세거나 형태를 구분하는 작업을 아예할 수가 없겠지요. 계산을 하고, 도형을 인식하는 등의 수학 활동을 하는 능력은 인간의 기본 능력입니다.

"아유~ 그런 말이 아니고요, 수학적인 두뇌가 특별히 발달한 아이들이 있잖아요. 우리 아이가 그런 아이가 아니라면 어떻게 그걸 길러줄 수 있냐 이겁니다."

이렇게 질문하는 분들은 그런 머리를 어디 다른 데서 길러온다고 생각하는 것 같습니다. 수학에서는 그저 그 머리를 사용해서 문제를 풀 뿐이라는 것이지요.

소위 말하는 '수학 머리'가 수학적으로 사고하는 능력을 말하는 것이라면, 수학 머리를 길러주는 방법은? '수학을 공부하는 것'입니다. 우리가 수학을 가르치고 배우는 이유가 바로 수학 머리를 기르기 위해서니까요. 수학이라는 과목이야말로 수학적으로 사고하는 방법을 가르쳐주려는 게 목적이라는 것을 잊지 말아야 합니다.

수학 머리가 수학적인 사고의 이성적 측면을 뜻한다면, 수학의 마음은 수학적 사고의 정서적 측면을 뜻합니다. 요즘은 정서도 지능이라고 하지요.

모든 아이가 모든 영역에서 똑같은 능력을 가지고 태어나는 것은 아닙니다. 누구는 수학을 좀 더 쉽게 배우고, 누구는 영어를 좀 더 쉽게 배울 수 있습니다. 하워드 가드너Howard Gardne의 다중지능이론에서 말하는 것처럼 사람은 누구나 다양한 지능 영역을 두루 가지고 태어납니다. 그리고 학습을 통해 부족한 능력을 채우기도 하고, 발달한 영역을 더욱 개발하기도 합니다.

학습의 목적이 바로 그것입니다. 우리가 테니스를 배우는 것은 선수만큼 잘하는 능력을 가지고 태어났는지 그렇지 않은지를 테스트하기 위해서가 아니라 그저 테니스 하는 법을 배우기 위함이겠지요. 배우면 즐길 수 있으니까요. 테니스를 전혀 못 하던 사람도 테니스를 배워서 잘하게 될 수 있습니다.

수학도 그렇습니다. 각각의 영역에서 인간은 어느 정도 기본 능력을 가지고 태어납니다. 그런 기본 능력을 바탕으로, 수학을 사용해서 이 세상을 잘 살아가도록 도와주기 위해 학교에서는 모든 아이에게 수학을 가르칩니다.

수학 과목은 이 아이가 논리수학적 능력을 얼마나 가지고 태어났느냐를 측정하고 그 능력 순으로 줄을 세우려고 만들어진 과목이 아닙니다. 문명사회일수록 그 사회를 살아가려면 수학적 사고가 필요하기 때문에, 모든 아이가 이 세상을 살아가는 데 필요한 수학적 사고를 길러주기 위해서 수학 과목이 존재하는 것입니다. 이 아이는 타고난 수학적 능력이 얼마이고, 저 아이의 타고난 수학적 능력은 얼마이구나 하고 그 능력을 재는 과목이 절대 아니라는 것입니다.

수학은 현대 사회의 필수 과목입니다. 전세계 모든 국가에서는 모국어와 더불어 수학을 필수 과목으로 가르칩니다. 수학적 사고를 육성하기 위해서입니다. 따라서 "수학적 머리를 길러주려면 어떻게 해야 할까요?"라는 질문에 "수학을 배우면 됩니다."라고 대답할 수밖에 없습니다. 수학이 가르치려고 하는 게 바로 수학적 사고와 태도이니까요.

5장

수학 가르치기 실제 2

초등수학을 가르치기 위해 꼭 알아야 할 9가지

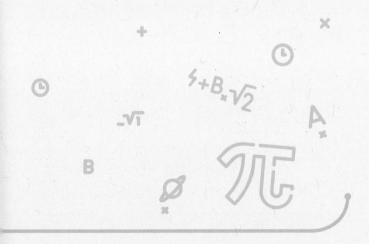

수학이 수학적 사고를 기르는 과목이라고 했지만, 고개가 갸우뚱해지는 것은 이제껏 그런 말을 들어본 적이 없거나 실제로 그렇게 가르쳐지지 않은 경우가 많았기 때문이겠지요.

　수학이 '수학적 사고의 형성'이라는 본래의 목적대로 가르쳐지지 않았고, 그래서 학교에서 12년 동안이나 수학을 배웠지만 수학적 사고가 생기기는커녕 수학혐오만 생겼다는 주장도 있을 수 있습니다. 그것이 수학의 잘못은 아닐 것입니다.

　그러면 어떻게 가르쳐야 할까요?

　가르치는 일은 전문직에 속합니다. 특히 수학을 가르치는 일은 결코 만만하지 않습니다. 부모가 아이의 교과목을 잘 가르치는 선생님이 될 필요는 없습니다. 부모는 그 학년이 지나면 다른 학생들을 가르치러 가는 교사가 아닙니다. 아이와 평생을 같이 하며 아이의 행복을 기원하는 동반자입니다.

　아이들은 태어나면서 자연스럽게 가정에서 우리말을 배우고 수학을 배웁니다. 수학은 우리 생활 곳곳에 들어있기 때문에, 의도치 않았더라도 어느 순간부터 수학을 가르치게 되는 일을 하게 됩니다.

부모가 전적으로 아이의 수학을 책임질 필요는 없지만, 첫 수학을 포함해서 학교 수학 초반은 부모가 직접 가르치는 경우가 많습니다. 동반자의 마음으로 아이를 가르쳐 주시기 바랍니다. 평소 자녀의 수학 학습을 지도할 때 일상적으로 부딪히는 상황을 중심으로 이럴 때 어떻게 하면 좋을지 실제적인 부분을 살펴보겠습니다.

1
교육과정 탐구하기

아이를 공부시킬 준비를 하는 부모 중에 아이가 아직 어리니까 일단 초1~2까지의 수학에 대해서만 공부를 하는 경우가 많습니다. 자녀에게 수학을 가르치려고 마음먹고 '덧셈 지도법', '뺄셈 지도법' 등, 가르치는 방법 중심으로 공부하는 분도 있을 것입니다. 그렇게 좁게 보면 매우 촘촘히 가르치게 됩니다. 한 치 앞만 보는 셈이라는 것이지요.

더 길게 보아야 합니다. 자녀가 앞으로 보낼 초중고 12년에서 무엇을 가르치고 있는지를 크게 살펴보아야 방향이 섭니다. 개별적인 개념 지도법보다 먼저 알아야 하는 것이 교육과정입니다.

교육과정은 여행자의 지도라고도 볼 수 있습니다. 혼자 여행을 하면서 발길 닿는 대로 갈 수도 있지만, 누군가를 데리고 갈 때에는 지도가 있어야 할 것입니다.

"부모가 교육과정까지 알아야 하나?"라고 생각할 수 있지만, 부모니까 알아야 합니다. 더 긴 안목으로 전체를 보아야 합니다. 수학 과목에서는 무엇을 언제 가르치는지를 알아야, 방향을 잡고 전체 지도를 그릴 수 있으니까요.

학교와 같은 공교육은 물론 학원이나 개인지도와 같은 사교육에서도 아이가 자라면 가르치는 분들이 계속 바뀝니다. 특히 초등학교를 지도하는 교사 그룹과 중고등학교를 지도하는 교사 그룹은 서로 다릅니다. 초등학교 5학년에서 6학년까지의 1년도 1년이고, 6학년에서 중학교 1학년까지의 1년도 1년이지만 전혀 다르게 느껴지는 이유는, 초등학교에서 중학교로 올라가는 것은 학교급이 달라지는 것이기 때문입니다. 서로 전문 분야가 다르다 보니 연계가 잘되지 않습니다. 초등학교 전문 선생님은 중고등학교 과정까지의 내용은 잘 모르고, 고등학교 전문 선생님은 초중학교 수학 과정을 잘 몰라서 이 아이가 어디까지 배우고 왔는지를 모르는 경우가 많습니다. 아이는 계속 배우고 있는데 말이지요.

부모가 자녀를 교육할 때 가장 좋은 점이 바로 이런 '지속성'과 '연계성'입니다. 가정 교육은 마치 한 명의 교사가 유치원부터 고등학교 3학년까지 계속 함께하는 것과 같습니다. 이런 장점을 극대화하려면 부모가 교육과정에 대해 어느 정도 알고 있어야 합니다.

수학과 교육과정은 초중고 12년 수학 과목에 대한 커리큘럼 문서이고, '국가교육과정 정보센터'에서 누구나 다운로드 받을 수 있습니다. 처음 읽을 때는 용어도 낯설고 어렵게 느껴질 수 있는데, 초등학교 1~2학년 때는 무엇을 배우고 초등학교 3~4학년 때는 무엇을 배우는지가 표로 나와 있으니까 표만 들여다보아도 됩니다.

부모가 교육과정에 대한 지식이 전혀 없으면, "이 개념은 중요하니까 꼭 알아야 해요."라는 누군가의 말에 휘둘릴 수 있습니다. "이건 이래서 중요하고 저건 저래서 중요하다."는 그 주장을 듣다 보면 모든 게 다 중요해 보여서 어느 것 하나 놓칠 수가 없다는 생각에 전투태세가 됩니다. "1학년은 1학년이라서 매우 중요하고 2학년은 2학년이라서 매우 중요하고, 3학년은 3학년이라서 너무나 중요하다."는 주장을 들으면 쉴 틈이 없겠다는 생각에 우울해지기도 합니다. 어디로 가는지 알지 못해서 이 사람 말 듣다가 저 사람 말 듣다가 하며 부모가 우왕좌왕하는 사이 함께 이리저리 휘둘리는 아이가 있습니다. "모든 때가 다 중요하다."는 말에 중무장한 부모 옆에서 아이들이 녹초가 되어 갑니다.

부모는 스스로 판단할 수 있어야 합니다. 그 분야의 전문가가 아니니까 다 알 수는 없지만, 최소한 그 분야의 전문가가 누구인지 정도는 스스로 판단할 수 있어야 합니다. 그렇지 않으면 아이들이 힘들어지기 때문입니다. 그런데 수학교육에서 지향하는 방향이 무엇인지를 전혀 모르고 예전에 배운 수학만 떠올리면서 자녀를 가르치면 낡은 옛날 지도를 갖고 길을 나서는 것과 같습니다. 결국 도착한 곳이 엉뚱한 곳이면, 아이가 얼마나 난감할까요?

교육과정은 계속 바뀝니다. 우리나라만 그런 것이 아니라, 다른 나라들도 그렇습니다. 교육은 시대와 무관할 수 없는데, 시대가 계속 바뀌기 때문입니다. 수학교과의 교육과정과 트렌드는 전 세계가 거의 비슷합니다. 다른 나라에서 좋은 점은 자기 나라에 적용하는 등, 서로서로 배우기 때문이지요.

최근 수학교육에서는 '문제해결', '추론', '의사소통', '연결', '정보처리' 능력을 중요하게 여기는 추세입니다. 문제해결은 그야말로 수학적 지식을 활용해서 문제를 해결하는 능력을 말하고, 추론은 추측하고 논리적으로 사고하는 능력을 말하며, 의사소통은 용어와 기호를 사용해서 능숙하게 소통하는 능력을 말합니다. 연결은 수학과 타교과나 생활에서 수학을 적용하며 그 유용성을 인식하는 능력을 뜻하고, 정보처리는 수학 도구를 활용하고 정보를 잘 처리해서 합리적으로 판단하는 능력을 말합니다.

　교육과정은 입시와도 밀접합니다. 학교 시험은 교육과정에서 정한 방향을 따릅니다. 교육과정 문서에는 평가에 대한 내용도 있으니까 꼭 읽어보시기 바랍니다. 수학 교과가 무엇을 지향하는지는 교과서나 교사용지도서에 드러나 있습니다. 수학을 가르치려면 교과서를 들여다보시기 바랍니다. 세상이 바뀐 줄도 모르고 교과서 한번 들추지 않고 예전 기억으로 자기 아이를 지도하려고 하면 요즘을 사는 아이가 너무 힘들어지겠지요.

2

언어력이 탄탄할수록
수학적 사고도 높아진다

    우리는 말을 할 때뿐만 아니라 생각을 할 때도 '언어'를 사용합니다. 소리를 내지는 않지만, 말을 하는 것입니다. 말이 늦는 사람은 생각도 정교할 수 없다고 하는 것도 이 때문일 것입니다.

    그래서 언어가 수학보다 먼저입니다. 언어를 통해 생각을 정교하게 하는 과정이 있은 다음에, 그것을 바탕으로 수학을 하면 수학 공부가 훨씬 쉽고 효과적입니다. 언어 감각이 아직 발달 되기도 전이며, 교육과정 상으로는 이제 한글을 배우기 시작한 초등 1~2학년 아이에게 복잡한 수학 문장제를 풀게 하는 분들도 있던데, 그것은 결코 바람직하지 않습니다. 문장제 수학을 그렇게 급하게 미리 할 필요도 없고, 아이가 이해하지 못하는 문제를 푸는 것은 머리에 남지 않아 의미가 없음은 물론 정서적으로는 수학을 질리게 할 수 있습니다.

초등학교 저학년 때는 수학 그림책을 읽거나 생활 속 수학 놀이하기를 추천합니다. 이때 수학에서 사용하는 어휘에 익숙해지는 것이 좋습니다. 수학 용어들은 생활 속에서 사용하는 것과 달리 뭔가 어렵게 느껴집니다. 따라서 어휘에 먼저 익숙해져야 수학을 공부하기가 쉽습니다.

3

개념은 어떻게 지도하나?

수학 개념은 정의(definition)를 뜻합니다. 어떤 수학 어휘에 대해 정의를 말할 수 있고 골라낼 수 있으면 "개념 학습이 잘 되어 있다."고 합니다.

예를 들어 '분수'는 한자로 '分數'이고 영어로는 'fraction'이라고 합니다. 둘 다 '쪼갠다.'는 뜻이 들어있습니다. 어휘 자체를 통해 1을 쪼개서 나온 수가 바로 분수라는 것을 알 수 있습니다. 그런데 분수의 정의는 한 가지가 아닙니다. '$\frac{분자}{분모}$의 형태로 된 수'라고도 하고, '전체에 대한 부분을 수로 나타낸 것'이라고도 합니다. 이 중에서 어느 것이든 분수의 뜻을 말할 수 있으면 "정의를 안다."고 할 수 있습니다.

다음으로, 여러 수 중에서 분수를 골라낼 수 있어야 합니다. 분수의 뜻은 말할 수 있는데 골라내지 못하면 개념이 잘 잡혀있다고 보기 어렵습니다.

예를 들어 다음 문제가 있습니다.

분수를 모두 고르세요

$$3, \ \frac{1}{3}, \ 0.3, \ 1\frac{2}{5}$$

이 문제의 답은 $\frac{1}{3}$, $1\frac{2}{5}$입니다. 만약 다 고르지 못했다면 아직 분수 개념이 있다고 볼 수 없습니다. 아직 대분수를 배우지 못한 아이는 $\frac{1}{3}$만 골라내겠지요? 대분수까지 배우고 나서야 다 고를 수 있습니다. 이처럼 개념을 갖는다는 것은 한 번에 되지 않습니다. 처음에는 진분수만 분수인 줄 알았다가 나중에는 가분수와 대분수도 분수라는 것을 알게 되고, 초6에서 비와 비율을 배우면서 분수 개념이 확장됩니다. 중학교에 가서 분수가 유리수의 하나의 형태라는 것을 알게 되는 등, 분수 개념은 계속 확장됩니다.

"개념에 구멍이 뚫리면 어떻게 하나요?"라고 걱정하는 부모들이 많은데, 개념 학습은 구멍이 숭숭 뚫릴 수밖에 없습니다. 개념은 학년이 올라가면서 차츰 완성되는 것이기 때문입니다. 앞에서 살펴본 분수의 경우처럼 분수라는 어휘를 배웠다고 그 자리에서 분수 개념을 통달할 수가 없습니다.

수학 개념은 단독으로 있지 않고 서로 연결되어 있습니다. 따라서 다른 것들을 배운 이후에 그 연결을 통해 새롭게 이해가 되는 측면이 매우 많습니다. 예를 들어 자연수는 초1 때부터 배웁니다. 하지만 그렇다고 초1에 자연수 개념이 완성되는 게 아닙니다. 초4에서 큰 수를 배우고, 중학교 올라가 음수를 배워야 비로소 음수와 비교하며 자연수에 대해 더 잘 알 수 있게 됩니다.

개념 학습은 어떻게 하는 게 좋을까요? 여러 가지가 있겠지요. 용어의 뜻을 읽고 쓰기, 그리고 용어의 정의에 맞는 것을 골라내기 활동 등도 좋습니다.

개념 학습이 수학에서 중요한 이유는 개념을 알아야 문제를 잘 해결할 수 있기 때문입니다. 예를 들어 사각형 문제를 풀려면 '사각형'이라는 용어가 뭔지를 먼저 알아야 합니다. 사각형의 정의는 '4개의 변으로 둘러싸인 도형'입니다. 따라서 그 도형이 사각형인지 아닌지를 알려면, 변이 4개인지? 둘러싸여 있는지?를 판단하면 됩니다.

그런데 어른 중에도 정사각형만 사각형이라고 생각하는

분들이 있습니다. '사각형' 하면 '네모'가 떠오르고 '네모'를 생각하면 '정사각형'이 떠오르기 때문이겠지요. 사각형과 정사각형을 구별하지 못하면 사각형 안에 정사각형이 포함되는지, 정사각형 안에 사각형이 포함되는지가 혼란스럽습니다. 그래도 큰 걱정을 할 필요는 없습니다. 이런저런 오류를 범하면서 사각형에 대한 개념을 형성해 가면 되니까요.

어휘의 뜻을 파악하는 것은 이해하기와 분류하기에 도움이 되고, 이해하기와 분류하기는 수학 개념 학습의 기초입니다. 그리고 개념은 점차 확장됩니다. 수학 개념의 이러한 점을 생각하고 여유를 가지고 개념 지도를 해 주시기 바랍니다.

4

수학에서 문제해결이란?

수학 문제를 잘 푼다는 것은 문제를 잘 해결한다는 것입니다. 수학을 배우는 이유가 '문제를 해결하기 위해서이다.'라는 분들도 있습니다. 수학에서 배운 문제해결 프로세스를 내면화하면 평생 사용할 수 있으니까요.

『어떻게 문제를 풀 것인가?』의 저자 폴리아George Pólya의 이론에 따르면 수학 문제해결에는 네 단계가 있습니다.

- 이해하기
- 계획하기
- 실행하기
- 반성하기

이러한 네 단계는 단순 계산 문제를 풀 때를 비롯해서 방정식과 함수, 도형, 미분적분, 확률통계 등 수학 시간에 푸는 모든 영역의 문제해결에 다 적용됩니다. 우리의 목표는 문제를 해결하는 것입니다. 그러려면 먼저 문제가 무엇인지 이해를 해야 합니다. 이해를 했다고 해도 저절로 풀리는 것이 아니므로, 그 문제를 해결할 방법을 찾아봅니다. 그 중 한 가지 방법을 골라 한 번 해 봅니다. 문제가 잘 풀렸으면, 좀 더 효과적인 다른 방법은 없나?를 생각해봅니다. 문제가 잘 풀리지 않았으면, 문제를 내가 잘 이해한 게 맞는지? 방법을 잘못 선택한 것은 아닌지? 방법을 실행할 때 실수는 없었는지를 점검해야 합니다. 이 과정이 반성하기입니다.

이것은 세상 살아가는 데에도 똑같이 적용됩니다. 살아가면서 우리에게는 늘 문제가 생깁니다. 가족 간에 문제도 있고, 직업상의 업무에 문제가 생길 때도 있고, 돈을 벌어야 하는 문제도 있고, 스포츠 경기에서 어떻게 해야 이기느냐의 전략 문제도 있습니다. 지구 온난화나 인구 문제와 같이 우리 사회 전체가 머리를 싸매고 해결해야 할 문제들은 사방에 널려 있습니다.

우리가 어떤 문제를 해결하려고 할 때 무의식적으로 저 문제해결 4단계를 사용하고 있습니다. 비단 사칙계산이나 방정식을 사용하지는 않아도 그것이 바로 수학입니다.

수학 시간에는 수많은 문제를 풉니다. 그러는 동안 자연스럽게 문제해결 프로세스는 우리 몸과 마음에 익숙해집니다. 사회에 나온 우리는 평생 살아가는 동안 그것을 써먹습니다. 우리가 수학을 배우는 이유는 시험을 통과하기 위해서가 아니라, 수학 문제해결 과정과 수학적 사고를 몸에 익혀서 살아가는 내내 평생 써먹기 위해서입니다.

수학을 가르친다는 것은 이러한 사고를 자연스럽게 익히게 도와주는 것을 뜻합니다. 수학 문제 풀기를 가르칠 때 저 문제해결 4단계를 꼭 기억하고 지도해 주시기 바랍니다.

5

낯선 문제 가르치기

아이들 입장에서 볼 때 수학에는 새롭고 낯선 것들이 많습니다.

처음 보는 문제가 있을 때 아이가 부모를 쳐다봅니다. 마치 생전 처음 보는 요리를 앞에 두고 '그냥 뜯어먹는 건가? 소스에 찍어 먹는 건가? 돌돌 싸 먹는 건가?' 감을 잡지 못하는 것과 같습니다. 이때 옆에서 "이 소스가 잘 어울려요." 하고 말하면 '아하, 소스에 찍어 먹는구나.' 하고 얼른 알아채게 됩니다.

그런데 만약 옆에 마침 그런 말을 해 줄 사람이 없으면 어떻게 할까요? 아이는 살짝 맛을 보거나 이리저리 살펴보는 시간을 가질 것입니다. 탐색을 하는 것이지요. 그 시간을 못 참아서 "척 보면 모르니? 여기 소스가 있잖아. 이게 왜 있겠어?" 하면 아이는 움츠러들겠지요. 다음에 새로운 요리를 만나면 소스가 있는지 없는지 살펴보는 눈치 빠른 아이가 될 수도 있겠지만, 낯선 음식은 거들떠도 안 보는 아이가 될 수도 있습니다.

처음 보는 문제를 탐색하는 데는 시간이 걸립니다. 갈피를 못 잡고 헤매며 아이가 짜증을 낼 수도 있습니다. 그렇다고 "자, 더해 봐. 그리고 빼. 그다음 어떻게 해? 곱해야겠지? 그래, 그게 답이야."라는 식으로 풀이 과정을 다 말하지는 말아주세요. 탐색할 기회를 갖지 못하면 처음 보는 이 문제를 통해 아이가 새로 배운 것은 아무것도 없게 됩니다.

낯선 문제라도 아이가 이미 알고 있는 것과 관련이 전혀 없지는 않습니다. 따라서 이럴 때는 "뭔가 본 적이 있지 않니?"라거나 "비슷한 문제를 떠올려 보자."고 해 주세요. 비슷한 문제를 떠올리고 유추해서 문제를 풀게 하기 위함입니다.

추론에는 3가지가 있습니다. 패턴을 찾는 귀납추론, 비슷한 것을 찾아보는 유비추론, 증명을 하는 연역적 추론입니다.

패턴을 찾는 귀납추론 능력은 규칙 찾기 단원에 나오는 문제를 해결하면서 기를 수 있습니다. 증명은 초등학교 때 배우지 않지만 "왜냐하면~ 때문이다." 하며 이유와 근거를 찾는 것은 연역적 추론 능력을 기르기와 관련이 깊습니다.

처음 보는 낯선 문제를 해결하는 비법은 이전에 배운 것 중에서 가장 비슷한 것을 떠올려 보는 유비추론을 사용하는 것입니다.

"이 문제는 저번에 풀었던 그거랑 비슷하네?"라는 말을 해 주세요. 이런 말은 유사성에 관심을 갖게 하고, 낯선 문제에 두려움을 갖지 않고 도전하게 하는 데 큰 도움이 됩니다.

6
문제 풀 때 적절히 개입하기

가정에서 아이를 지도할 때, 어느 정도 개입하는 것이 좋을까요?

아이를 가르칠 때는 아이가 문제 푸는 과정을 보지 않고 채점만 하는 부모들이 많습니다. 그런데 아이가 잘 풀 수 있도록 중간에 개입을 하려면 풀이 과정을 지켜보아야 합니다. 다음은 제가 6학년 아이가 문제를 푸는 것을 지켜보다가 개입한 과정입니다.

문제 밀가루 $1\frac{1}{2}$ kg으로 빵 5개를 만들었다.

빵 한 개를 만드는데 든 밀가루 양을 구하여라

아이의 풀이 $1\frac{1}{2} \times 5 = 5\frac{1}{2}$ kg

아이의 답이 틀렸습니다.

왜 이런 답이 나왔는지 아이에게 물었습니다.

교사 : 왜 곱하기를 했어?

아이 : 빵이 5개니까요.

교사 : 빵이 5개라고 왜 곱하기를 하지?

아이 : ······.

교사 : 1과 $\frac{1}{2}$에 5를 곱한 값이 5와 $\frac{1}{2}$이야?

아이 : ······.

교사 : 그림을 그려봐. 밀가루를 한번 그려봐.

아이 : (그림을 그린다)

교사 : 아니, 이렇게 말고 그냥 밀가루 덩어리를 그려봐.

아이:

교사 : 자, 이 밀가루 1과 $\frac{1}{2}$킬로그램으로 빵 다섯 개를 만들었어. 그런데 빵 하나를 만드는 데 든 밀가루가 5와 $\frac{1}{2}$이라면 좀 이상하지 않아? 원래 밀가루보다 더 많아졌잖아.

아이 : 아! 나누어야 해요.

선생 : 왜?

아이 : 이 밀가루로 빵을 다섯 개 만들어야 하니까….

아이는 1$\frac{1}{2}$를 가분수 $\frac{3}{2}$으로 만든 다음 $\frac{3}{2}$을 5로 나누는 식을 세웠습니다. 이제 식은 맞았습니다. 그런데 계산이 틀려서 결국 오답이 나왔습니다. 분수 나눗셈을 어떻게 하는지 잘 몰랐기 때문이지요.

이 아이는 이미 학원에서 이 부분을 선행학습으로 배운 이후였다고 합니다. 또 집에서 부모와 이런 문제를 풀었고요. 하지만 문제 파악도 하지 못했고, 계산도 정확하지 않은 상태였습니다.

아이가 문제 푸는 것을 곁에서 지켜보지 않으면, 문제를 이해했는데 실수를 한 것인지 문제 자체를 이해하지 못한 것인지를 알 수가 없습니다. 따라서 수학을 가르칠 때는 되도록 아이가 문제를 다 풀 때까지 옆에서 지켜보시기 바랍니다. 그래야 아이의 이해 수준을 정확히 파악하고 제때 개입할 수 있습니다.

부모가 개입하는 순간은, 아이가 얼렁뚱땅 대답하거나 왜 그렇게 푸는지 이유를 알 수 없다 싶을 때입니다. '왜 그렇게 풀었어?'라고 물어봐 주세요. 화를 내지는 말아야 합니다.

7
토파즈 효과 조심하기

아이가 문제를 푸는 것을 계속 지켜보기란 쉽지가 않습니다. 집중력도 필요하고, 지루하기도 합니다. 그리고 다음 스케줄이 잡혀있는 경우는 초조해져서 빨리 풀라고 채근하게 됩니다. 그런데 우리가 수학 학습을 통해 기르려고 하는 것이 수학적 사고라는 것을 생각하면, 아이가 문제를 스스로 풀도록 기다릴 수 있어야 합니다. 우리들의 학창시절을 떠올려 보세요. 생각하는 동안 그 시간을 기다리지 못한 어른들로부터 채근을 받는 일이 얼마나 많았습니까?

아이에게는 생각할 기회를 주지 않거나 잘 짜인 시나리오대로 일사천리로 진행하는 상황을 관찰한 연구 결과가 있습니다.

교사: 9+7은 얼마일까?

아이: ……

교사: 7+7은 뭐지? (대답은 기다리지도 않고) 그래, 14야. 그
럼 8+7은 뭐지? 아까보다 1이 커졌네. (답에 대한 강
력한 힌트 주기) 그래서 15야. 그렇다면 9+7은? 1이
더 커졌으니까? 그렇지, 16이 답이야….

이 연구는 교사를 대상으로 했지만, 부모들도 이렇게 진
행하는 경우가 많습니다. 문제를 해결하기 위한 근본적인
전략을 짤 기회를 아이에게 주지도 않고, 그저 아이 입으
로 답을 내게만 유도하는 것이에요. 9+7의 답을 '말하게 한
다.'는 목적에는 맞을지 모르지만, 진짜로 가르친다고 볼
수 없겠지요. 아이의 생각의 폭을 좁히는 일이기 때문입니
다. 이런 식으로 답을 유도해 내는 것은 진정으로 가르치
는 일이 아닙니다.

부모: 그러니까 삼각형의 넓이는 직사각형 넓이의 얼
마지?

아이: ……

부모: 삼각형의 넓이가 직사각형 넓이의 몇 분의 몇이
냐고?

아이: 이분의 일이요.

이렇게 '얼마'에서 '몇 분의 몇'으로 질문만 살짝 바뀌었을 뿐인데, 아이는 용케도 정답을 말합니다. 두 번째 질문에 답이 있었기 때문이지요. '얼마'냐고 물었을 때 아이의 머릿속에는 2배와 $\frac{1}{2}$이 오락가락합니다. 그러다가 '몇분의 몇'이냐는 질문을 받으면 '아하! 정답은 분수구나.' 하는 생각을 하고 분수로 답을 합니다.

아이가 "분명히 설명을 들었을 때는 확실히 알았었는데, 혼자 하려고 보니까 기억이 안 나요."라고 하는 이유가 바로 이 때문입니다. 누군가 설명을 해 줄 때는 유도한 대로 따라서 척척 대답했지만, 유도하는 사람 없이 혼자 할 때는 온통 헷갈리는 것이지요.

힌트를 주어서 아이가 정답을 말하도록 유도하는 것을 '토파즈 효과'라고 합니다. 문제해결에 다가가는 방법을 미리 알려주면, 아이들이 전략을 세울 기회를 상실했기 때문에 전략을 개발할 여지 자체가 없어집니다. 이런 식으로 유도된 질문에 답하는 습관이 들면 지식을 쌓을 수가 없습니다. 당시에는 이해했지만, 돌아서면 해결하지 못하게 되지요.

부모가 수학 문제를 술술 잘 풀지 못하는 것이 오히려 아이가 수학을 배우기에 더 유리할 수 있습니다. 힌트를 바로바로 못 주기 때문입니다. 부모에게도 시간이 필요해서 문제를 함께 읽습니다. 그동안 아이도 생각할 시간을 가질 수 있지요.

내가 잘 모르는데, 아이를 어떻게 가르칠까는 너무 걱정하지 말고, 아이와 함께 배운다는 마음으로 지도합시다. 그러면 아이는 자신감을 갖고 적극적으로 학습에 임할 것입니다.

8

계산 학습지 활용하기

수학에서 계산력은 대단히 중요합니다. 단, 지나치지 않은 방법으로, 꾸준히 계산력을 키우는 것이 바람직하겠지요. 단, 언제 어느 때 계산력을 강화하느냐 그게 중요합니다. 계산을 먼저 배웠느냐, 이해력을 먼저 갖추었느냐에 따라 아이의 수학적 문제해결력이 좌우됩니다.

계산 연습은 초등학교 고학년 때 본격적으로 하는 게 가장 좋습니다. 혼합계산부터 분수, 소수 계산까지 왕창 나오는 시기니까요. 여섯 살이나 일곱 살 때는 아무 이유 없이 시켜서 했다면, 열 살이 넘은 아이는 해야 할 필요성을 느낍니다. 계산을 하려면 집중해야 합니다. 집중하는 태도는 계산 연습을 하면서 차츰 몸에 뱁니다.

어려서 단순 계산을 먼저 배운 아이들은 문제를 파악하기도 전에 습관적으로 계산부터 하는 경향이 있습니다. 계산은 잘하는데 도형이나 문장제 문제를 보면 거부반응을 보이고, 문제를 읽을 생각은 아예 하지도 않고 오로지 계산 문제만 풀려고 합니다.

맨 처음부터 '수학=숫자=계산'이라는 개념이 먼저 자리 잡히면, 이해력을 키우기가 생각보다 힘듭니다. 연습장에 손이 먼저 가고, 생각은 나중에 하는 습관이 생겼기 때문입니다.

따라서 어느 정도 이해력이 생긴 다음에 집중적으로 계산하기를 추천합니다. 유아 때는 왜 하는지도 모르고 했지만, 4~5학년 무렵 아무래도 계산 실력을 좀 키워야겠다는 필요가 생긴 아이는 계산 학습지를 하게 되면 훨씬 열심히 합니다. 단순 반복도 즐겁게 하고, 계산 실력이 급상승합니다.

9

수학 문제집 선택과 활용법

"어떤 문제집이 좋을까요?"라는 질문을 많이 받습니다. 이런 질문에 대답하기 곤란한 이유는 문제집이 너무 많기 때문입니다. 한 출판사에서 나오는 문제집이라고 해도 시리즈별로 저자들이 다르기 때문에, 저자에 따라 성의 있게 만들어진 것도 있고 그렇지 않은 것도 있습니다.

교재를 선택하실 때 기본적으로 알아두어야 할 점은 다음과 같습니다.

1) 교재 선택은 아이의 '성향'과 '필요'에 맞추세요

아이의 성향에 따라서 단순 반복 문제를 싫어하는 아이도 있고, 설명이 적은 문제집을 싫어하는 아이도 있습니다. 문제집의 글자나 그림에 따라 좋아하는 스타일이 따로 있지요. 따라서 부모 단독으로 정하지 말고, 아이와 함께 선택하는 것이 좋습니다.

무엇보다도 가정에서의 수학 학습이 아이에게 구체적으로 '어떤' 도움을 줄 수 있는지를 잘 판단하셔서 교재를 선택하시기 바랍니다. 방문 학습지를 병행하는 경우라면, 서로 보완이 될 수 있는 문제집을 선택하면 좋을 것 같습니다.

2) 교재에 너무 많은 기대를 하지는 마세요

누구에게나 적합하고 만능인 방법이나 교재는 없습니다. 교재는 학습의 도구일 뿐입니다. 하나의 도구가 그 자체로 만능이라면 참 좋겠지만, 대부분은 그 기능에서 장점과 단점이 있기 마련입니다. 매 학년 교재를 바꿀 수도 있고, 중간을 건너뛸 수도 있습니다. 학습자의 입장에서 유연하게 선택하는 것이 바람직합니다.

단, 어린 나이에 너무 한쪽으로 치우친 교재를 사용하지 마세요. 교재 하나로 수학의 모든 것을 정복하고자 하는 것도 욕심이 아닐까요. 교재가 가진 장점이라면 아이가 수학적으로 성숙할 수 있는 기회를 갖게 될 수도 있지만, 동시에 교재가 가진 한계와 단점이 아이의 한계로 드러날 수도 있습니다.

3) 융통성 있게 교재를 활용하세요

"하루에 몇 장을 풀어야 좋을까요? 3페이지씩 매일 풀게 하는 건 어떨까요?"

이런 식으로 묻는 분도 많습니다.

물론 매일 몇 장씩 문제를 풀 수도 있습니다. 그러다가 어느 날 한꺼번에 집중적으로 하는 것이 좋을 때도 있지요. '슬로우 슬로우 퀵 퀵'처럼 조금씩 천천히 하다가 한꺼번에 몰아서 하니까 '수학적인 감'이 잡힌다는 아이들도 있습니다.

분량에서도 한꺼번에 여러 장을 시키지 말고 하나라도 꼼꼼히 풀게 하며 시간도 충분히 주세요. 한번 제대로 배우면 두고두고 써먹는 것이 수학 개념입니다. 비슷한 문제를 연습하기보다는 문제를 생각하면서 꼼꼼히 풀 수 있도록 도와주세요.

아이를 지도할 때 부모가 답지를 뜯어서 보관하고, 아이가 문제를 다 풀고 난 다음 답을 맞춰 보는 게 일반적인 것 같습니다. 아이들이 못 건드리게 숨겨놓는 부모도 계실 것입니다. 아이들이 답을 보고 베끼는 것은 좋지 않지만, 그렇다고 해설지를 무조건 멀리하는 것도 낭비입니다.(해설지도 책값에 포함됨!)

그렇다면 어떻게 답지를 유용하게 이용할 수 있을까요? 학년에 따라 차이가 있을 것입니다.

😊 초등학교 저학년 : 답지를 보지 않게 하기

저학년 때까지는 답지(해설지)를 안 보는 게 더 좋습니다. 아직 아이들이 스스로 이해하기 힘들기 때문입니다. 아이가 질문하는 부분을 부모가 먼저 풀어보고 나서 답지 풀이를 참조해서(부모 개인 의견으로만 설명하지 마시고, 답지의 설명을 자세히 보세요), 아이에게 설명해주는 편이 좋습니다. 이때 부모가 답지를 보지 않고 처음 문제를 대했을 때의 첫 느낌을 떠올리시기 바랍니다. 아이가 그 문제를 볼 때의 느낌도 그와 비슷합니다. 아이 입장에서 잘 설명해주세요.

☺ 초등학교 고학년 : 스스로 채점하게 하기

고학년이면 아이 혼자 정답을 맞춰볼 수 있습니다. 자기가 직접 채점하면 틀린 답을 더 깊이 새길 수 있습니다. 아이를 믿고 아이에게 스스로 채점하도록 시켜보는 것이 좋습니다. 간혹 틀린 개수만큼 혼이 나면, 답을 매기는 것 자체를 두려워하게 됩니다. 혼나기 싫어서 슬쩍슬쩍 답을 보고 억지로 만점을 만들어 자신을 위안하는 아이들도 있습니다.

아이가 스스로 채점하면서 많은 걸 깨달을 수 있도록 해주세요. 일단 자기 힘으로 얻은 점수로 평가하는 기회를 갖게 해주어야 합니다. 답지에 쓰인 해설을 통해 스스로 교정할 수 있게 말입니다.

답지가 옆에 있어도 답지를 보지 않는 아이들이 있습니다. 성취감을 느끼고 싶어 하는 성격의 아이들은 답지가 코앞에 있어도 절대 보지 않습니다. 맞고 틀리고의 결과가 아니라, 어떻게 해서 맞았고 어떻게 해서 틀렸는지를 파악하는 게 우선인 가정 분위기에서 자란 아이는 답지를 보지 않습니다.

😊 중·고등학생 : 자신의 풀이 과정과 답지 해설을 비교하게 하기

답지의 해설도 아이에게는 또 하나의 교재입니다. 단순 문제는 답지와 자신의 답을 맞춰보면 되지만, 복잡하고 어려운 문제는 답이 맞았다 하더라도 답지에 나온 해설과 자신의 풀이 방향을 비교하는 과정이 필요합니다.

자기 답이 맞았는지 틀렸는지만 보고 서둘러 답지를 덮는 경우가 있는데, 친절하게 설명된 부분들을 꼼꼼히 살펴봐야 자신의 풀이 과정을 바로 잡을 수 있지요. 자기가 몰랐던 새로운 해법도 배울 수 있습니다. 해설자의 설명과 자신의 의견이 충돌하는 부분이 있으면, 그 부분에 대해 면밀히 따져보는 습관을 들임으로써 자기 주도로 공부하는 힘을 기를 수 있습니다.

6장

중고등학교에서 빛나게 될
초등수학의 핵심

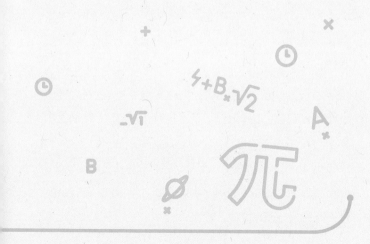

부모는 아이보다 더 멀리 보아야 합니다. 딱 아이의 현재 나이만큼만 본다면, 그 당시에는 너무나 옳게 보였던 것이 바로 얼마 뒤에는 후회할 일이 되기도 합니다. 수학을 좁게만 보는 분은 아이의 현재 나이에만 국한해서 수학을 봅니다. 아이가 아직 어리면 유아에게 통하는 수학이 수학의 전부라고 생각하고, 아이가 초등학교에 들어가서도 딱 그 나이에만 통하는 방식으로 수학을 가르치는 것입니다.

　고등학교까지의 '학교 수학'은 그야말로 만인을 위한 수학이고, 그 이후는 전문가가 되기 위한 수학이지요. 또한 유아 수학과 초·중등 수학은 그 안에서 가르치는 방식이 조금씩 다릅니다. 그런데 각 단계마다 추구하는 목적과 방법이 다름에도 불구하고, 전체가 하나로 연결된 것 또한 수학의 특성입니다. 따라서 각 단계에만 초점을 맞추면, 단계가 높아질 경우 그 방법이 통하지 않을 수도 있습니다. 커가면서 순간순간 고비를 맞기도 하고, 기존의 학습 방식을 완전히 바꾸어야 하는 경우도 있습니다.

　세상이 조금씩 바뀌고 수학교육의 흐름도 조금씩 바뀝니다. 부모는 수학에 대해 길게, 멀리 보시기를 바랍니다. 부모니까 그래야 합니다.

1

실패하는 스케줄 vs 성공하는 스케줄

부모가 자녀의 수학을 전담해서 가르칠 필요는 없습니다. 하지만 자녀의 성향을 파악할 수 있는 사람은 누구보다 부모겠지요. 부모가 자기 아이의 성향을 파악하고 수학 교육의 트렌드를 잘 아는 것은 아이 입장에서 볼 때 현실적으로 큰 도움이 됩니다. 아직 어린아이가 모든 것을 선택할 수는 없고, 돈이 들어가는 학원이나 교재 등의 선택은 부모가 결정해야 합니다. 아이와 의논하더라도 결국 최종 판단은 부모가 하는 것이지요.

특히 학업 스케줄을 짜는 것에 부모의 관점은 매우 중요합니다.

수학 성적이 좋은 아이들이 문제를 푸는 과정을 살펴보면 크게 두 그룹으로 나뉩니다.

A그룹 : 발상이 빠르고 문제해결력이 좋은 편. 문제를 잘 풀지만, 개념 학습보다는 문제를 많이 풀어본 경험으로 문제를 푸는 경향이 있다.

B그룹 : 문제 푸는 속도가 느린 편이고 계산을 빨리하지 못한다. 이해를 못하면 전진하지 않기 때문에, 개념이해는 잘 되어 있지만 문제를 능숙하게 풀어내지 못하는 경향이 있다.

두 그룹 모두 우수한 아이들입니다. 우수하다고 모두 똑같지는 않다는 것이지요. 학습 스타일은 아이마다 다르고, 둘 중 어느 것이 더 좋다고 말할 수도 없습니다. 아이들은 기계가 아니므로 내 아이에게 다른 아이와 똑같은 방법으로 공부하게 시킬 수는 없습니다. 그래서도 안 됩니다. 부모는 우리 아이의 성향이 A그룹에 속하는지, B그룹에 속하는지에 따라 각각 다른 스케줄을 계획할 수 있습니다.

그런데 아이의 성향은 무시하고 일방적으로 학습 계획

을 하는 부모들이 있습니다. 그리고 밀어붙입니다. 제가 보기에 다음과 같은 스케줄은 대체로 실패하는 경우입니다.

실패하는 수학 학습 스케줄

- **유아 :** 계산 학습지 억지로 반복

- **초등학교 저학년 :** 아이가 싫어해도 "어쩔 수 없다. 너만 이렇게 문제를 많이 푸는 게 아니다."며 아이를 달래가며 수학 문제를 풀게 함. 또는 아이와 실랑이를 하다 지쳐 수학을 포기하고 다른 과목으로 눈을 돌림.

- **초등학교 고학년 :** 본격적으로 2년 이상 선행학습에 올인. 문제집은 기본형 말고 경시대회나 영재원 대비용으로 고름.

- **중학생 :** 고등학교 수학 선행학습. 아이가 따라가지 못해도 밀어붙임.

- **고등학생 :** 수능 대비 문제집 여러 권을 풀음. 하지만 높은 점수를 얻지는 못함.

- **고등학교 3학년 :** 진로를 바꾸거나 재수를 미리 결심.

- **재수생 :** 수학 점수가 크게 오르지는 않음. 어디서부터 잘못되었나 생각하며 초등학교 시절로 돌아가고 싶음.

실패하는 경우의 특징은 '계산 연습을 저학년 때 많이 하고 선행학습을 밀어붙인다.'는 것입니다.

성공하는 수학 학습 스케줄

· **유아기~초등학교 저학년** : 개념 학습을 중심으로 한 가지라도 꼼꼼히 파악함. 부모와 자녀가 대화를 많이 함.

· **초등학교 고학년** : 계산 연습에 집중함.

· **중학교** : 한 학기 선행학습을 하며 복습도 겸함. 문제집은 2권 정도.

· **고등학교** : 1년 선행학습. 기본서로 개념 잡고 다양한 문제집으로 실전 연습하기

성공하는 스케줄의 특징은 계산 연습을 고학년 때 집중해서 한다는 것입니다. 혼합계산 등의 복잡한 계산은 고학년 때 나오기 때문에, 이때 몰입해서 6개월에서 1년 정도 연습하면 그때까지는 '계산이 느리다.'는 말을 주로 들었던 아이라도 계산 속도가 빠르고 정확해집니다.

'왜 이걸 해야 하는지?' 납득하지 못한 상태에서의 학습은 오래갈 수 없습니다. 시키는 대로 할 때 습관을 들여야

한다며 어린아이들에게 억지로 수학 문제를 풀게 하는 것이야말로, 실패의 지름길이라는 것이 저의 오랜 경험으로 얻은 결론입니다.

수학에서는 자신감이 중요한데, 수학 문제를 빨리 풀면 자신감을 얻을 거라는 것은 부모 생각입니다. 그 자신감은 아이 스스로 느끼는 게 아니라 외부에서 어른들이 주입한 것일 수도 있음을 생각해보아야 합니다. 남들보다 빨리 풀려는 생각은 남들을 늘 생각한다는 것을 뜻합니다. 타인의 눈에 수학 잘하는 아이로 비춰지기를 바라는 마음이 진짜로 자신감일까요?

수학적 사고에 비판적 사고도 들어있습니다. 시키는 대로 하는 아이보다는 비판적으로 생각하고 자기 생각을 들여다볼 줄 아는 아이가 자기 주도적인 아이로 성장합니다. 현명한 사람들은 스스로 생각합니다.

12년 학습의 큰 흐름은
국 → 영 → 수

저뿐 아니라 수학을 가르치는 사람 중에 '입시에서 수학
은 국영수 중에서 제일 나중에 해도 된다. 국어가 우선이
다.'고 생각하는 분들이 많은 것으로 알고 있습니다. 학교
에서 배우는 과목 중에 가장 중요한 과목을 국어라고 생각
한다는 것이지요. 다음으로 수학이 중요하고, 영어는 세 번
째라고 생각합니다.

하지만 학습을 하는 순서는 이와 다릅니다. 초 → 중 →
고로 올라가면서 국어 → 영어 → 수학의 순서로 학습하는
것입니다. 언어는 배우는 데 시간이 오래 걸리니까, 국어와
영어를 먼저 집중해서 공부하는 것입니다. 그에 비하면 수

학은 단기에 몰입해서 학습하는 게 가능하지요. 따라서 다음 스케줄을 추천합니다.

12년 학습 스케줄

초등학교 ➡ 중학교 ➡ 고등학교

국어 ➡ 영어 ➡ 수학

먼저 초등학교 때는 국어에 집중합니다. 그렇다고 영어와 수학에 손을 놓으라는 것은 아니지요. 초등학교 5학년만 되면 어려운 문학책도 읽을 수 있습니다. 상대적으로 시간이 많은 5~6학년 때의 독서력이 고등학교까지 힘을 발하기도 합니다.

중학교 때 영어에 집중하는 게 좋다고 말씀드릴 때의 영어는 문법을 뜻합니다. 언어를 익히는 데는 시간이 많이 걸리기 때문에 국어와 영어를 수학보다는 먼저 시작하는 게 좋겠습니다.

"수학은 가장 늦게 시작해도 됩니다."라고 말씀드리면 깜짝 놀라는 분이 많습니다. 수학이 중요하니까 가장 먼저 시작해야 한다는 말을 많이 들었다며 의외라고들 합니다. 글쎄요. 중요하다고 해서 가장 먼저 시작해야 하는 것은 아니지요. 중요하니까 가장 '적절한 때'에 학습해야겠지요.

입시를 위한 수학은 늘어지게 하는 것보다는 집중해서 단기에 학습하는 것이 효과적입니다. "하루라도 수학 공부를 쉬면 안 되지 않나요?"라는 말은 수학보다는 영어에 해당된다고 봅니다. 영어는 외국어이고 말이라서 그야말로 습관화해야 하는 것 같습니다. 하지만 수학은 한 번 원리를 깨치면 반복할 필요가 없는 과목이라서, 언어와는 특성이 다릅니다.

수학을 고등학교 때 하는 게 좋다는 것은 본격적으로 공부하는 시기가 고등학교 때라는 것이지, 그때까지 손을 놓으라는 것은 아닙니다. 초등학교 저학년 때부터 잔뜩 힘을 줄 필요가 없다는 것입니다.

초등학교 수학은 예전에는 '산수'라고 불렀습니다. 지금도 계산이 많습니다. 초등학교 고학년 때는 앞에서 말한 바와 같이 혼합계산을 연습하고 도형의 넓이 등 간단한 공식을 익힙니다. 초등학교까지는 수학적인 사고를 기르려고 하기보다는 '수학이 생활 속에 있다.'는 것을 체감하는 정도면 충분합니다.

수학을 국어나 영어 다음에 하는 게 좋다는 말을 '수학은 벼락치기로 하면 된다는 건가?'라고 오해하지 않으시길 바랍니다. 그런 뜻이 아닙니다. 언어적인 감각이 바탕이 된 이후에야 비로소 수학적 사고가 가능하다는 뜻입니다.

3
초등학교 시험 준비

　단원평가가 다가오면 우리가 중·고등학교 때 시험공부
하듯이 시험 시간표를 잡고 공부를 하게 하는 부모들이 있
습니다. 요점정리는 어떻게 하는 것이며, 자고로 시험 대비
는 어떻게 하는 것인지 시범을 보여주는 것이지요.

　아이의 시험을 앞두고 엄마가 열심히 도와주었습니다. 문
제 푸는 것도 옆에서 지켜보고, 채점도 해주고, 작년 시험문
제를 얻어 와서 풀게도 해 주었습니다. 엄마 생각에 '이건
꼭 나온다.'는 문제들을 따로 모아서 예상 문제를 만들어 풀
게 했습니다. 아이는 "이번엔 반드시 만점 받겠다!"며 성실
한 자세로 공부를 했습니다. 저학년 땐 잘한다는 소리를 듣

다가 그 후 지금까지 정체 상태에서 벗어나지 못한 아이에게는 이번 시험이 매우 중요합니다.

다시 차오르는 계기가 될 수 있기 때문입니다. 만약 이번에도 그저 그렇다면, 정말 심각하게 여러 가지를 다시 점검해봐야 할 것인데…, 그런 경우는 상상하기도 싫습니다.

드디어 시험 날, 아이가 시험을 치르고 돌아왔습니다. 그런데 아이 표정이 좋지 않습니다. 열심히 연습하고 준비했던 부분에서 몇 개를 틀렸다는 겁니다. 왜 우리 아이는 그 고비를 넘지 못하고 매번 지금 이 상태를 맴도는 걸까요? 조금만 더 잘하면 될 것 같은데, 왜 그걸 못하는지 이해할 수 없습니다. 능력도 되는 녀석이 이 모양이니, 도대체 뭐가 문제인 걸까요? 학원에 보내자니, 이 녀석 성격에 질문도 제대로 못 하고 기웃거리다 올 게 뻔하고, 과외는 지난번에 시켰는데 그때도 성적이 이 모양이어서 선생님도 민망해하다가 그만두었습니다. 혼자 노력해도 충분히 달성할 녀석이라고 생각하니 과외비가 아깝습니다.

물론 시험요령을 아는 것이 성적에 많은 도움이 됩니다. 하지만 부모 자신의 시험공부 법이 정말로 좋은 방법이었나를 떠올려 보세요. 우리는 완벽한가요?

시험 준비를 시키면, 아이의 바닥이 어디쯤인지 알 수가 없습니다. 바닥을 알 수 없으니 학년이 올라가도 부모가 아이를 놓지 못하게 됩니다. 시험 준비를 안 시키고 시험을 본다면 과연 몇 점이 나올지 겁이 나기 때문입니다.

아이가 어릴수록 시험 준비는 스스로 하게 기회를 주세요. 그래야 학교에서 수업을 들은 것만으로도 80점이 나오는 아이인지 20점이 나오는 아이인지를 판단할 수 있습니다. 아이의 '기본 실력'을 파악할 수 있다는 것입니다. 매번 시험공부를 시켜서 시험을 보다 보면, 아이의 바닥이 어디인지를 전혀 알 수가 없어서 늘 불안합니다. 사교육에서 벗어나기 어려운 이유도 아이의 바닥을 알지 못해서가 아닐까 싶습니다. 학년이 올라갈수록 겁이 나서 아이를 그냥 시험장에 보내기가 두려워집니다. 그러니까 저학년 때 한 번이라도 그냥 시험 보게 해 보셔요.

아이가 스스로 시험공부 요령을 개발할 기회를 주세요.

초등학교 때부터 부모가 가르쳐준, 혹은 학원에서 일러준 방법대로만 한다면 자기 자신을 알 기회가 없습니다. 또, 초등시험 때부터 마치 수능시험 보듯이 한 시험 한 시험 실수하지 않으려고 긴장하고 애쓰다 보면, 시험이 두려워집니다. 앞으로 시험 볼 일이 얼마나 많은데, 벌써부터 두려움을 가질 필요는 없습니다.

초등학교 단원평가를 한 번이라도 아무 준비 없이 임하게 해 주세요. 현황 파악 없이 대책을 세울 수 없듯이, 아이의 실 잠재력을 아는 것은 매우 귀한 정보입니다. 초등시절 시험을 한번 망친다고 해서 인생을 망치는 것도 아닙니다. 내 아이에 대해 시험 점수보다 훨씬 귀중한 정보를 얻을 수 있을 것입니다.

4
단계적 상승 도와주기

"공부가 인생의 전부냐?" 싶기도 하고, 극성맞은 부모 소리 듣기 싫어서 "나는 초등학교 때부터 막 공부시키고 그러지는 않을 거야!" 하는 분들이 있습니다. 이렇게 마음먹은 가장 큰 이유는 부모가 일방적으로 급하게 끌고 가다가 아이가 중간에 지쳐 포기하는 상황을 실감했기 때문이라는 분들도 있습니다.

그래서 아이를 여유 있게 키웠습니다. 그런데 아이가 전혀 빨라질 기미가 안 보입니다. 갑자기 초조해진 부모는 '그동안 내가 잘못 생각한 걸까?' 싶고 앞으로의 삶이 엉망진창이 될 것 같은 불안감에 휩싸입니다. 불안한 마음을 숨기고 태연한 척 계속 살아가야 하는 걸까, 이제라도 노선을 바꾸는 게 나을까 하는 기로에 선 마음이 됩니다.

천천히 간다고 해서 학교 진도를 무시하고 마냥 있으면, 이 아이는 따라갈 수가 없어서 수학을 포기하게 됩니다. 질려서 포기할까 봐 걱정했는데, 이 경우에는 뒤처져서 포기한다는 것입니다.

느리게 가도, 학교 진도는 맞추어야 합니다. 학교 교육과정에 따른 진도를 무시하고 마냥 천천히만 가면 아이의 학교생활은 힘들어집니다. 실제로 초등학교 3, 4학년 부모 중에 "아이가 계산 속도가 느려서 속상하다."며 걱정하는 분이 많습니다.

교육학에서는 "인지발달은 연속적이라기보다는 '비약'에 더 가깝다."고 합니다. 즉, 발달하려면 '계단에 오르는 순간'이 있어야 한다는 것이지요. 평지만 걸어서는 높은 수준에 닿을 수 없습니다.

학교 교육과정에는 이러한 계단이 잘 만들어져 있습니다. 순차적으로 오르면 되지요. 낮은 계단도 있고 살짝 높은 계단도 있습니다.

연습을 안 하면 느리게 되지요. 만약 이 아이가 초등학교 입학 전에 계산 학습지를 했었고 그것을 싫어했었다면, 4~5학년이 될 때까지 수학 계산을 싫어하게 될 수 있습니다. 어린 나이에 억지로 그 또래에게는 어려운 수학 계산을 하면서 힘들었던 마음의 응어리가 풀리려면, 그 몇 배의 시간이 필요합니다. 그냥 그런가 보다 하고 자연스럽게 곱셈이고 나눗셈이고 분수고 소수고 배우면 좋은데, 한 번 싫은 감정이 생긴 것을 없애기가 쉽지 않기 때문입니다. 그래서 취학 전에 계산 학습지를 시키지 않는 것을 권하고 있습니다.

갑자기 신념을 바꾸려는 분들도 있습니다. 다른 사람들처럼 학습을 시키는 것으로 방향을 바꾸는 것이지요. 하지만 대개 아이가 반발을 해서 사이가 틀어지거나, 부모 자신들의 기본 신념에 맞지 않다 보니 결국 흐지부지하다마는 경우가 많습니다.

자신의 신념을 통째로 바꾸지 않아도 됩니다. 단지 '학교 진도에 맞추기'만 하면 되지요. 교과서에 계산이 점차 많아지면 많아지는 대로, 공식이 많이 나오면 많이 나오는 대로, 그에 맞추어 학습량을 조절하는 것입니다.

부모가 '천천히 가자.'는 철학을 가졌다고 그 자녀가 다 느린 것은 아닙니다. 부모가 느리게 가는 동안 생각할 시간을 갖게 되었고 자율적인 아이로 성장하면서 스스로 빠르게 가는 아이들도 많습니다. 느린 철학 부모를 답답하게 여기고, 부모를 믿고 있다가는 안 되겠다는 생각에 부모를 재촉하고 앞서가는 아이들도 많습니다.

마찬가지로, 부모는 빨리 가고 앞장서게 하려고 했는데 아이가 빠르기는커녕 더 느려진 자녀들도 많습니다. 물론 부모와 한 몸이 되어 똑같이 가는 경우도 있지요. '빠르게 가고 앞장서는 게 왜 중요해요?'라는 생각을 하며 자기만의 속도를 가지려는 아이들도 많습니다.

나는 이 중에 어느 경우일까? 돌아보면 우리 아이의 입장이 되어 볼 수 있을 것입니다.

간절히 쳐다만 본다고 감나무에서 감이 떨어지지는 않으니까, 어떤 행동을 해야겠지요. 앞에서 말씀드린 대로 교육과정을 살펴보고, 학교 진도에 맞게 양을 조금씩 늘리는 것이 그 행동에 해당됩니다. 아이가 초1이면 초1 진도대로, 고3이면 고3 진도에 맞추면 되는 것이지요.

"이렇게 하면 나중에 잘 될까요?

이런 질문도 많이 받습니다. 나중 일을 우리가 어떻게 미리 알겠습니까. 잘될까 안 될까를 미리 걱정하지 말고, 어떻게든 잘되도록 함께 노력하면 되지요.

5
아이가 납득하는 선행학습

수학에서는 '납득하기'가 가장 중요합니다. 수학에서 풀이 과정을 쓰거나 증명을 하는 것은 '납득하기 위해서'입니다. 서술형 문제에서 정답을 구했어도 풀이 과정에 납득하기 어려운 부분이 들어있으면 감점을 하는 이유도 그렇습니다. 증명하기 문제는 그야말로 납득시키는 과정이고, 이것을 '정당화'라고 합니다.

수학은 이성적인 사고를 하는 방법을 가르치려는 과목입니다. 우리 모두는 납득하기를 원합니다. 개인과 사회는 어떤 사안에 대해 상대를 납득시키려고 애를 쓰고, 우리 스스로를 납득시키려는 노력도 많이 합니다. 납득이 되지 않은 일을 하는 게 얼마나 어려운지, 상대가 납득하지 못하는 일을 억지로 시키기란 얼마나 어려운지 우리 모두 잘 알고 있을 것입니다.

아이가 수학에서 앞장서기를 바라며 선행학습을 시키는 부모에게 가장 어려운 일은, 어린 자녀에게 "왜 이것을 미리 해야 하는가?"를 납득시키는 일일입니다. 왜 아직 학교에 들어가지 않았는데, 미리 학습을 해야 하는지? 왜 다른 아이들보다 앞서가야 하는지? 왜 학교 시험에서 백점을 받았는데도 그걸로 만족하면 안 되는지? 어린아이들은 납득하기가 어렵습니다.

수학에서는 '왜?'라는 질문이 매우 중요합니다. 분수 나눗셈을 할 때 왜 역수를 곱하는지? 음수와 음수를 곱하면 왜 양수가 되는지?에 대해 납득이 되지 않아 그때부터 수학을 포기했다는 어른들도 있습니다.

우리는 납득이 되지 않는 것을 억지로 머릿속에 집어넣을 수가 없습니다. 수학을 왜 배우는지 납득시키지 못한 과거의 수학교육은 많은 학생을 수학으로부터 멀어지게 했습니다. 납득하지 않더라도 머릿속에 구겨 넣었지만, 해결되지 않는 그 부조리함은 평생 남아서 여전히 묻습니다.

"그런데요, 왜 (음수)×(음수)은 양수인가요?"

이 질문은 수학 내용에 대한 질문입니다.

"여태 한 번도 사용하지 않은 이차방정식의 근의 공식을 대체 왜 배워야 하는 건가요?"

이것은 수학의 쓸모에 대한 질문입니다.

저는 계속 우리가 수학을 배우는 이유가 수학을 사용하기 위해서라고 말씀드리고 있습니다. 방정식을 푸는 이유는 방정식 그 자체를 사용하기 위해서가 아닙니다. 그 문제를 푸는 동안 문제해결 프로세스를 익혀서 내면화하고, 우리 일상에서 겪는 문제들을 해결하는 데 사용하기 위해서 수학을 배운다는 것입니다. 삶에는 문제가 많으니까, 수학을 잘 익히면 평생 잘 사용할 수 있지요.

수학 문제를 어떻게 풀어야 하는지, 그 방법을 안다고 해서 그 이유까지 아는 것은 아닙니다. 시간 계산 문제를 잘 풀어도 "왜 1시간은 100분이 아니라 60분일까?"를 이해하기는 어렵지요.

아이가 "왜 2학년인 제가 지금 5학년 수학을 풀어야 하나요?"라고 물을 때 "질문하지 말고 그냥 해."라거나 "다른 아이들 다 하는데, 너만 안 하면 되겠니?"라고 대답하는 것은 논리적인 답변이 아닙니다. 이런 식의 비논리적인 대답은 아이의 수학적 사고 발달을 저해할 것입니다.

수학 선행학습을 시키는 이유는 수학을 잘하게 하기 위함일 텐데, 그 이유를 납득시키지 못하면서 진도를 나가는 것은 모순이 아닐까요?

선행학습을 계획하셨다면, 부디 아이가 먼저 하겠다고 한 경우이거나, 아이와의 합의하에 진행하시기를 권합니다.

6
자기 주도 학습의 힘

"우리 아이가 자기 주도적으로 공부하게 하려면 어떻게 해야 하나요?"

이런 질문도 자주 받습니다. 부모의 어떤 노력과 힘으로 자녀를 자기 주도적으로 만들 수 있다면 그것은 이미 '자기 주도'가 아니겠지요. 타인의 힘으로 이루어진 것이니까요.

지금까지 저는 수학을 배우는 이유는 '수학적으로 생각하는 법'을 배우기 위함이라고 했습니다. 누가 누가 사고력이 더 높은지를 골라내는 과목이 아니라고 했습니다. 또한 자기를 사랑하는 마음이 있으면 자신이 성장하기를 바라는 마음이 생겨서 학습을 자기 주도로 하게 된다고 했습니다. 일을 하려면 일하기 위한 동기가 있어야 합니다. 그 일이 재미가 있어서 하든 먹고 사는 데 필요하기 때문이든, 동기가 있습니다.

배움에는 동기가 있어야 합니다. 어떤 것에 대한 호기심과 관심은 그것을 배울 이유가 될 수 있습니다. 아이에게는 배울 이유가 필요합니다. 수학은 생활에 널려 있기 때문에(수학이 없는 세상을 상상해 보세요. 숫자도 없고 도형도 없고 패턴도 없는 세상을 상상해 보세요), 아이가 생활에 참여를 많이 했다면 수학을 배울 이유를 그야말로 자연스럽게 알 수가 있습니다.

공부도 그렇습니다. 학습 동기는 크게 두 가지입니다. 재미로 인한 동기, 필요에 의한 동기가 그것입니다. 모든 아이가 피아노나 수영에서 재미를 느끼는 게 아니듯, 모든 아이가 수학에서 재미를 느끼는 건 아닙니다. 하지만 '필요'라는 동기는 누구에게나 있습니다. 우리는 수학 지식 없이는 살아가기 힘든 세상을 살고 있으니까요. 미래 사회는 더 하겠지요. 이것을 '수학적 소양(mathematical literacy)'이라고 부릅니다. 우리나라는 물론 각국은 학교에서 수학 지식을 가르치는 것만큼이나 이런 소양을 가르게 하려고 노력하고 있습니다.

동기는 외부에서 심어주는 게 아니라 아이 안에서 자라는 것입니다. 인간은 수학적 사고를 가지고 태어나고, 인간이기에 지적 호기심도 있습니다. 아이를 믿지 못하는 부모는 이제나저제나 초조해하다가 어떻게든 동기를 심어주려고 합니다. 굳이 외부에서 심어주지 않아도 누구나 학습 동기를 가지고 있다는 것을 믿지 못하기 때문에 그러는 게 아닐까요? 저절로 자라나는 학습 동기를 꺾거나 외면하지 않는다면, 무럭무럭 자연스럽게 잘 자랄 것입니다.

자기를 사랑하는 사람은 자신을 함부로 두지 않는다는 것은 우리 모두 다 알고 있는 진리입니다. 내가 사랑하는 내 자신을 아끼는 마음은 더 나은 방향으로 자기 자신을 이끕니다.

아이 스스로 열심히 학습을 하게 하는 힘은 '사랑'입니다.

자기 자신에 대한 사랑, 나를 위해 애쓴 가족에 대한 사랑, 내 자신을 온통 바치고 싶은 우리 사회에 대한 사랑…, 사랑의 힘이 아이를 스스로 움직이게 합니다.

수학을 스스로 공부하려는 마음, 자기 주도적으로 학습하려는 태도가 생기려면 우선 수학에 대한 애정이 있어야 할 것입니다. 수학을 넘어야 할 높은 산이나 무찔러야 할 적으로 삼으면, 공부하기도 힘들고 스스로 공부하기란 더더욱 힘들 것입니다.

나를 사랑하는 마음으로, 수학을 내 삶의 동반자로 생각하면 어떨까요? 나를 사랑하는 마음은 내 자신의 성장을 바랍니다. 수학을 통해 내가 성장할 수 있고, 수학이 나를 도와준다는 생각을 하면 적극적으로 공부하게 됩니다.

어느 중학교에 저자 특강을 갔을 때의 일입니다. 강의가 끝나고 질의응답 시간에 한 학생이 "수학을 포기하려는 아이에게 어떤 말을 해 주시겠어요?"라고 제게 물었습니다. 제가 뭐라고 대답했을까요?

저는 즉시 "수학은 너를 포기하지 않아."라고 대답했습니다. 내가 상대를 포기해도 상대가 나를 붙잡고 있으면, 힘을 얻고 다시 시작할 수 있으니까요.

수학은 우리를 포기하지 않습니다. 아이들이 이 사실을 알면 수학과 친구가 되고, 수학으로부터 힘을 얻을 것입니다. 스스로 앞으로 나아가게 하는 힘입니다.

7

수학을 잘하는 아이의 진로는?

"학교 수학을 잘하는 아이의 진로는 무엇일까요?"

이런 질문을 받는 일이 많습니다. 초중고 12년간 학교에서 배우는 수학인 '학교 수학'은 12년 동안의 학습을 통해 최소한의 체계적 사고 능력을 갖추게 하는 것이 목적입니다.

학교 수학은 우리 모두의 '교양과목'입니다. 사고력이 좋은 아이들을 위한 과목이 아니라, 평범한 모든 아이가 문화인으로서 아 시대를 살아갈 수 있도록 준비를 시키는 과목이라는 것입니다. 따라서 전공자들이 배우는 수학과는 다릅니다.

학교 수학을 잘했다고, 다시 말해서 학교 시험(수능 포함)을 잘 보았다고 해도, 아이의 진로에 강력한 영향을 줄 만한 특기라고 보기는 힘듭니다.

학교 수학에서 늘 100점을 맞았다고 해서, 수학과로 진학시키겠다거나 "애는 완전 이과생"이라는 분들도 있습니다. 학교 시험은, 이 아이가 어떤 능력이 부족한지를 점검하는 기능은 잘하지만, 이 아이가 어떤 능력이 우수한지를 알아내는 기능은 약하기 때문에, 어떤 과목을 잘한다고 해서 반드시 그쪽에 적성이 있다고 볼 수는 없습니다. 음식을 잘한다고 해서 요리사가 될 수 있는 것도 아니고, 다른 자질도 필요한 것과 마찬가지입니다.

학교 수학을 잘하는 아이의 진로는 다양합니다. 국문과나 경제학과를 갈 수도 있고, 혹은 음대나 법대를 갈 수도 있지요. 어느 전공이든지 선택할 수 있습니다.

진로를 정할 때 학교 수학을 잘하는 것은 도움이 될지언정 폐가 되지는 않을 것입니다.

수학의 마음으로 세상 살아가기

수학의 마음이 말합니다.

"여기에 문제가 있군, 자, 이제 해결해 볼까?"

수학에서 문제해결의 시작은 '문제를 이해'하는 것입니다. 문제를 이해한다는 것에는 무엇이 문제임을 안다는 것도 포함됩니다. 예를 들어 우리 사회에 만연해 있지만, 그것이 문제인지 인식조차 없는 것이 수학의 마음을 통해 보면 문제로 나타나 보이는 것입니다.

수학은 아이가 살아가면서 때때로 마주하는 곤란한 문

제 상황(계산이나 논리가 필요한 경우) 앞에서 어쩔 줄 모를 때면 짠-하고 나타나 "이 문제는 이런 이런 과정으로 해결하면 돼."라고 귀띔해주는 유익한 친구입니다. 수학이 좀 어려워도, 보이지 않게 항상 자기 곁에 있고 자신을 도와준다고 느끼는 아이들에게 수학은 든든한 친구입니다. 혼잣말하며 이런저런 상상에 빠져 있을 때에도 쏙- 나타나 말대꾸도 해 주고 맞장구를 쳐 주기도 하는 다정한 친구입니다. 함께 신나는 게임도 하고, 숨바꼭질 같은 퀴즈도 풉니다. 용감하고 다정한 수학이 언제나 자신을 지켜준다는 믿음은 아이 마음속 불안을 잠재워 줍니다. 마음이 안정되고 편안하면, 행복한 마음이 듭니다. 수학의 마음이 아이 안에 있으니까요.

수학이 우리 마음에 자리를 잡으면, 수학은 우리를 도와줍니다.

아이 스스로 수학을 하고, 수학적 사고의 형성이라는 수학의 본질을 생각하고 문제해결 능력을 키우면 어떤 일이 생길까요? 수학을 잘 사용하게 됩니다.

살아가면서 맞닥뜨리는 각종 문제들 앞에서 겁내지 않고 체계적이고 합리적으로 해결하는 능력과 태도를 기르는 것이 우리가 수학을 가르치고 배우는 가장 본질적인 이유입니다. 수학은 수학 시험에 나오는 문제를 많이 맞추는 것만이 가장 중요하다고 생각한다면, 수학을 배우는 이유가 수학 문제를 푸는 것이 전부겠지요. 수학 문제를 풀면서 익혀야 하는 수학적 사고는 배우지 못한 채 학교를 졸업하고 수학과의 인연도 끝난다고 생각할 것입니다. 이 과정에서 수학을 가르치는 이들과 그 사회의 풍토로 인한 것이 수학 자체에 대한 혐오로 발전되지 않기를 간절히 바랍니다.

수학은 입시 성공의 도구를 넘어 우리가 평생을 살아가는 동안 함께하는 동반자가 되는 것입니다. 입시가 끝나도 수학과의 인연은 계속될 수밖에 없고, 수학을 잘 사용하면 삶이 풍요롭습니다.

수학은 삶을 성공으로 이끄는 도구가 아니라, 삶의 도구 그 자체입니다.

수학의 마음

초판1쇄 2024년 5월 2일 **지은이** 강미선 **펴낸이** 한효정 **편집교정** 김정민 **기획** 박화목 **디자인** purple **일러스트** Freepik **마케팅** 안수경 **펴낸곳** 도서출판 푸른향기 **출판등록** 2004년 9월 16일 제 320-2004-54호 **주소** 서울 영등포구 선유로 43가길 24 104-1002 (07210) **이메일** prunbook@naver.com **전화번호** 02-2671-5663 **팩스** 02-2671-5662 **홈페이지** prunbook.com | facebook.com/prunbook | instagram.com/prunbook

ISBN 978-89-6782-212-5 13370